陪孩子
走过青春期

周励 著

机械工业出版社
CHINA MACHINE PRESS

本书从家长和青春期孩子的日常生活入手，解读了孩子进入青春期后，心态、学习、社交、兴趣等各方面的变化以及由此带来的成长烦恼。行文风格轻松自然，将孩子的种种变化，融入沟通场景与心理活动中，其间有冲突有矛盾，有沟通有和解，有欣慰有感悟。

书中提供的方法，以"正面管教"为核心理念。作者用和善而坚定的态度，引导孩子正视青春期遇到的各种困惑与问题，培养自信心，建立归属感；帮助家长摆脱或简单粗暴，或放任自流的教育方式，在与孩子的互动中，觉知自我，实现自我成长。

图书在版编目（CIP）数据

陪孩子走过青春期／周励著．—北京：机械工业出版社，2019.3（2025.4重印）
ISBN 978-7-111-62163-8

Ⅰ.①陪⋯　Ⅱ.①周⋯　Ⅲ.①青春期-家庭教育　Ⅳ.①G782

中国版本图书馆 CIP 数据核字（2019）第 040398 号

机械工业出版社（北京市百万庄大街22号　邮政编码100037）
策划编辑：姚越华　张清宇　　　责任编辑：姚越华　张清宇
版式设计：张文贵　　　　　　　责任校对：李　杉
封面设计：吕凤英　　　　　　　责任印制：单爱军
保定市中画美凯印刷有限公司印刷
2025年4月第1版·第13次印刷
169mm×239mm·18.5 印张·186 千字
标准书号：ISBN 978-7-111-62163-8
定价：69.00元

电话服务	网络服务
客服电话：010-88361066	机　工　官　网：www.cmpbook.com
010-88379833	机　工　官　博：weibo.com/cmp1952
010-68326294	金　书　网：www.golden-book.com
封底无防伪标均为盗版	机工教育服务网：www.cmpedu.com

推荐序

我第一次见到周励是在里诺机场（位于美国内华达州），她那时已经是一名父母课程的讲师，为许多青春期孩子家长开设了家长课。她前来拜访我是希望学习更多的用正面积极的方法与青春期孩子沟通的经验。

我们在我家里度过了愉快的两天。她告诉我她放弃公司高管的职位，转而投身于家庭教育领域的缘由和过程。她讲述了她的成长经历、她的家庭和她的青春期孩子的故事，我则与她分享了我在正面管教实践和传播中的经验，我的心理咨询感悟，以及我自己的人生经历。

还记得那天，在我家舒适的阳台上，她兴奋地告诉我，她非常感恩在孩子步入青春期时遇到了正面管教和我，她对未来与孩子的沟通充满信心，觉得可以面对一切困难。

我看到她说这话时眼里闪着光，不禁想起了与自己孩子之间的一些往事，遂微笑地对她说："青春期就是青春期，无论你准备得多么充分，你还是会面对一些艰难时刻。"

从那以后，我们每年都会见两三面。我知道她一直在深入学习和运用这些有效的方法，并且持续分享给青春期孩子的家长。为了让自己更加专业，她还在学习心理学博士研修班的课程。而她在为我担任课程翻译和助教时，我就看到了她对正面管教、个体心理学深刻的理解、灵活的运用，以及作为一位青春期孩子的母亲，她对青春期孩子及其家长的了解和理解。

2017年的一天，周励在写给我的邮件里说到她与儿子的一次冲突。当她感到困惑和受打击时，16岁的儿子对她说："你还记得琳·洛特是怎么告诉你的吗？青春期就是青春期啊！"

那一刻我抚信大笑，恨不得马上狠狠拥抱这个孩子。孩子们多棒啊，他们总是学得很快，然后反过来教给我们。

这本书是周励的心血之作。她分享了这些年以来养育和辅导青春期孩子的成败得失，目的是让更多的青春期孩子家长了解他们的孩子，并且从她分享的日常生活案例中学习到一些更有效的沟通方法和教养方式。同时也帮助青春期孩子了解自己，让他们在噪动的青春里不再那么迷茫和孤单。我相信无论是家长还是孩子，都能从这本书中得到许多启发和非常实用的帮助。

琳·洛特

正面管教联合创始人

《十几岁孩子的正面管教》作者

自 序

2017年春节前不久，机械工业出版社的资深编辑，姚越华女士联系到我。她说在网上搜到了我的公众号，很欣赏我的经历，喜欢我的文章风格，认为我分享的文章可以给迷惘焦虑的青春期孩子的家长们一些很实用的帮助。因此，她诚挚邀请我写一本关于青春期孩子养育的书。

我感觉很意外，也很感慨。意外的是有人约我写书，这证明我平时发布在公众号里的那些呕心沥血的文章引起了一些共鸣，也说明它们很有价值。同时，我也感慨在这样一个时代，人人都可以成为自媒体，只要发出声音就会有人听到。

然而，我却不敢轻易答应。因为一旦答应就意味着责任，我可能就不能再像之前那样，想写就一周写一篇，不想写就一个月也不更新。当时的我，正在为青春期孩子的家长提供个人和小组辅导，也受邀在单位和学校做讲座。同时，为了更好地夯实心理学基础，我还在中国科学院心理研究所攻读临床咨询博士研修班的课程。忙碌的日程中，我还能抽得出时间来写书吗？

这件事随着春节的来临就被我拖过去了。

3月的一天，姚老师发来微信，问我考虑得如何。

我突然就下了决心，好吧，就当做个好榜样给孩子。

我们经常跟孩子说，要如何抓住机会，要不怕挑战自己，要努力挖掘自己的潜力。

现在，考验我的时候到了。

我们在 7 月正式签了合同。

于是就有了这本书。

事实证明，我的担心是多余的。

因为这几年的时间，我只做了一件事情，就是研究青春期孩子及其家长。

以我自己的孩子和他的同学，还有几年来接触到的出现各种各样状况的孩子们为蓝本，观察他们在青春期每一个年龄的不同特点，了解他们在不同阶段对家庭支持的不同需求，理解他们的纠结与躁动，开解他们的迷惘和痛苦。尝试用各种各样的方法与他们互动，用正面管教的方法，用心理咨询的技术，用鼓励咨询的工具，用所有学到的有效沟通方式为他们提供支持和帮助。

与此同时，我也以自己为蓝本，体会着孩子在青春期的每一个阶段呈现出来的不同状态，并据此不断调整自己与孩子的互动模式，学习和实践更有效的沟通和养育方式，并把它们分享给像我一样处在迷茫和焦虑中的家长们。

随着孩子从小学四年级走到目前的高中三年级，我与他一起几乎经历了青春期孩子在每一个阶段遇到的困惑和问题。从与父母的关系疏远到刻意追求独立的种种尝试，从人际关系的困扰到对于生命的思考，从兴趣班、补习班的选择和坚持，到电子产品的诱惑和抵御，从与父母和老师的沟通障碍到种种心理失衡的调适……我一直在用心学习和实践，体会着如何用和善而坚定的方法去应对一个又一个的困难，伴随孩子跨越一道又一道障碍。这中间的经验和教训、欢乐与痛苦、幸福与绝望、惊喜和意外，每一种感受都是那么实在，每一步都留下了结实的脚印。

太多的故事可以讲，太多的经验和方法可以分享。只是需要选择适当的那一部分，花一些时间记录下来而已。

这期间，姚老师很有耐心地等我，非常温和地提醒我，并且很有信心地鼓励我。

即使在快到最后，我突然卡壳儿，写不出东西来的时候，她仍然表示出坚定的信心。

这本书，终于完成了。

在这本书里，你会看到你的孩子或者你自己的影子，你会看到一些仿佛就发生在自己家里的场景，发生在你和孩子之间的对话，还有，那些在你内心翻江倒海的情绪。你也会在每一章的后面找到可以应对问题的具体方法。它们可能会对你有些立竿见影的帮助，也可能只是一点点的启发。

四年前，当我立志投身于家庭教育这个行业的时候，儿子是反对的。他说："我又不够优秀，你没有说服力啊！"

而就在一年以后，在我因为第一次有了外地学员千里迢迢赶来上课而感到有些压力时，他坚定地鼓励我说："你要相信，你是可以帮到他们的！"

无论如何，我想强调的是，这本书并不能直接把你的孩子送进清华、北大。如果你把它当"常青藤"秘籍来看，那就赶紧放下。而如果你也和我一样，是"金字塔"下面那些占绝大多数的普普通通的孩子家长之一，希望了解和理解孩子，与他们共同成长，在圆满我们自己人生的同时，让孩子成长为身心健康、正直善良、独立自主，有朋友、有爱好，有责任心、有社会情怀，能够创造和享受一份属于自己生活的成年人，那么，相信你在阅读此书时，会有会心一笑的时刻和如释重负的瞬间，同时，发现一些实用的方法。

前　言

2015年2月，在儿子的鼓励下，我开了自己的公众号"Cherry解密青春期养育"，目的是传播有效的养育方法，分享自己养育青春期孩子的点滴感悟，与更多的青春期孩子及其家长共同成长。

在开公众号之前，我几经踌躇。因为害怕需要不断更新的压力，总觉得开了一个号就要定期更新，不说每天吧，至少要每周更新一两次，不断地给读者提供新的东西。

后来，仍然是孩子说："你可以不用这样呀！你自己的公众号，想什么时候更新就什么时候更新嘛！"

一句话提醒了我。是啊，谁规定公众号就一定要定期更新呢？

我们这些从小听话长大的"乖孩子"，脑中到底有多少"应该"和"必须"在束缚着我们的发展，有多少担心和害怕在阻碍着我们拓展自己的能力，去探索这个世界呢？

这正是这本书将谈到的"私人逻辑"。

它是奥地利著名的个体心理学家阿德勒的理论体系中一个非常重要的核心概念。我们每个人脑中都有很多的"应该"，关于我们自己、关于别人、关于人生。这些"应该"来自我们从小经历的每一件事情和从中获得的感受。从来到这个世界开始，我们每时每刻都会对所经历的事情产生感知，形成想法，做出决定，然后形成自己独特的信念体系。这些信念指引着我们的人生方向，指导着我们做出更多的决定。

我的父母都是知识分子，母亲更是做了一辈子老师。加上我生长的那个年代对自己的影响，我的脑中早就植入了很多固定的程序。这些程序在我40多年的人生路上大多起到了良性的作用。诸如做人应该是真诚、善良、友爱、守信的，办事应该是认真、努力、诚实、公正的，心态要胜不骄、败不馁，永远向前，要不怕苦、不怕累、不怕吃亏。但与此同时，当我过于极端地执着于它们并且因此排除其他可能时，它们有时候就成了我成长道路上的障碍。

正如我们很多时候在描述正面人物时用"足智多谋"，描述反面人物时就变成了"诡计多端"一样，我们夸奖别人家的孩子坚持不懈地练琴，非常有毅力时，却批评自己的孩子每天放了学都要打球到天黑，太耽误学习。其实任何事情都有两面，而我们通常只去关注符合自己"私人逻辑"的那一面。

我时常在想，如果没有孩子，现在的我会是什么样子？

或许，我仍然是一个众人看着十分羡慕，而内心却十分脆弱和自卑，拼命努力只是为了证明自己足够好的职场女汉子。或许，我还是那样害怕权威、害怕冲突，受到委屈的时候只会默默隐忍，在愤怒时只会抱怨和指责的小女人。或许，我仍然在过分辛苦地工作，潜意识里坚信只有把自己累到病才能够赢得尊重。或许，我仍然在把自己童年和少年时的缺失投射到伴侣身上，让他过分承担我对自己的补偿……

这一切，都是因为有了孩子以后，我才有机会来发现，也才有了接纳和改变的机会。

所以，我深信孩子是天使，他们肩负着各自的任务来到不同的家庭里，只是为了帮助我们发现和了解自己，跟他们一起重新经历童年和少年，和他们一起成长为更完整、更成熟的人。

德国著名哲学家雅斯贝尔斯说，**"真正的教育，是一棵树撼动另一棵树，一片云推动另一片云，一个灵魂唤醒另一个灵魂。"**

我非常认同这句话。只是，我认为，这个教育的主体是孩子。是孩子在用他们无条件的爱呼唤着我们的爱，用他们的纯真唤醒了我们的纯真，用他们的耐心提醒着我们的耐心，用他们的好奇带动着我们的好奇，用他们对我们全然的依赖让我们学会信赖，用他们的简单和心无旁骛教会我们专注……

随着对这一点的体会越来越深，我对孩子越来越充满感激。感谢他让我一步一步成长到今天，感谢他给了我机会体验养育一个孩子的酸甜苦辣，更加感谢他促使我走上不断学习和自我成长之路，学会了换一个角度来看待人和事，让我从自小养成的非对即错的思维模式中解脱出来，看到人性的多面性，看到问题的多样性，看到自己无限的可能性。

谨以此书献给我的孩子和家人，是你们圆满了我的人生。

目 录

推荐序
自　序
前　言

第一章　你好，青春期

当孩子不像以前那样跟前跟后的时候，当孩子在同学面前与你拉开距离的时候，别奇怪，也别失望，这说明美好的青春期来临了。

01　惊喜变成了惊吓／002
02　闹独立的小孩／005
03　中二高冷症／009
04　臭美综合征（一）／012
05　臭美综合征（二）／017
06　请你叫我的名字／022

第二章　家庭篇

所以，当青春期的孩子表现出让我们不解、疑惑、伤心、失望的行为时，别急着给他们扣帽子，也别自怨自艾。跟他们聊聊，倾听他们的心声，理解他们的需求，你就会知道这些行为背后的原因，从而能够跟他们站在一边去面对问题、找到解决方案。

01　父母依然是孩子的天／028
02　关于独立睡觉的三问／034

03 你的孩子不是"白眼狼" / 042
04 你还爱你的孩子吗 / 046
05 你对孩子有信心吗 / 052
06 "妈妈牌"红烧肉 / 057

第三章　学习篇

每个孩子天生不一样。我们只要能发现他的闪光点，或者帮助孩子发掘出他自己的闪光点，就能帮助孩子建立起这一方面的自信。而自信，是孩子拥有成功人生的第一步。

01 乖小孩为啥不爱学习了 / 062
02 作业啊作业 / 067
03 不上学是孩子不得已的选择（一）/ 077
04 不上学是孩子不得已的选择（二）/ 082
05 补习班，上还是不上 / 087
06 校外课孩子突然不想去，怎么解 / 090

第四章　社交篇

他们就像刚刚长齐了翅膀的小鸟，迫不及待地想尝试自己飞翔，迫不及待地想挣脱父母的羁绊，向父母证明他们已经长大了，不需要父母了。

01 妈妈，你可以回去了 / 094
02 孤独的孩子 / 098
03 青春期孩子的社交困惑 / 102
04 孩子的朋友我不喜欢怎么办 / 105
05 不想参加家庭活动，可以吗 / 108

第五章　兴趣篇

　　而这些组织能力、管理能力、沟通协调能力、表达能力、资料整理能力、团队合作能力、灵活应变能力，不都是将来无论做什么工作都需要的吗？不是能够受益终身的吗？

01　我不要学钢琴 / 112

02　兴趣班该不该停 / 115

03　社团活动要不要参加 / 119

04　关于课外阅读的三问 / 124

05　各种比赛有用吗 / 130

06　半途而废还是坚持到底 / 133

第六章　生活篇

　　我的想法只是基于我自己的身体体验，并不代表一定就是对的，更加不代表适合每个人。为什么我要剥夺孩子自己去尝试和体验的机会呢？

01　不肯剪头发的男生 / 138

02　晚不睡，早不起的夜猫子 / 141

03　丢三落四的糊涂虫 / 146

04　有一种冷叫妈妈觉得冷 / 150

05　一步到位还是小步前进 / 154

第七章　网络篇

　　时代在变迁，每一代人都有自己的生活习惯和方式。当我们的孩子一出生睁开眼睛就看到手机时，又怎能阻挡他们将手机视为生活中最重要的工具呢？又何至于担心他们因此变成手机的瘾君子呢？

01　对于"手机上瘾"的不同理解／158

02　怎样避免孩子玩游戏上瘾／163

03　如何跟孩子一起管理电子产品／166

04　孩子说话不算数时怎么办／170

第八章　沟通篇

在批评孩子或者对孩子有一些他们不太情愿的要求的时候，我们通常很害怕看到孩子不高兴，因为这会让我们感到挫败或者愤怒，而这挫败和愤怒的背后，其实是内疚，是我们觉得自己对孩子不够好。

01　一言不合就翻脸，到底啥情况／176

02　明明自己犯了错，为啥态度还那么凶／180

03　一问三不知，怎么破／183

04　明明搞不定，却拒绝帮助，着急／187

05　出问题时我们关注的是什么／191

06　也许，我们欠孩子一个道歉／194

07　爱和关心是如何磨灭勇气的／198

第九章　疑难杂症篇

他们比我们当年更早开始思考，比我们当年更有勇气去探寻。而我们所需要做的，只是看见和理解他们的努力，在他们需要的时候提供一些回应和指导。甚至，只需要提供一对倾听的耳朵就好。

01　考前焦虑／204

02　情绪低落 / 208

03　自残行为 / 212

04　生死之问 / 215

05　早恋与性 / 225

06　见义勇为与校园暴力 / 230

07　大学专业的选择 / 234

第十章　自我关爱篇

因为，完美是一种罪。这是个体心理学家伊娃·德雷克斯说的一句话，也是我当时在她的演讲现场感觉振聋发聩的一句话。

01　认识你自己 / 242

02　管理好情绪 / 247

03　完美是一种罪 / 252

04　生气的真相 / 256

05　悦人先悦己 / 262

06　活出自己的精彩，是对孩子最好的示范 / 269

写在后面的话 / 276

第一章

你好,青春期

01
惊喜变成了惊吓

在豆同学12岁以前,我一直在企业里工作,并且很多时候都在忙,要么在办公室加班,要么在外面出差。而豆爸也常年在外出差。所以从9个月大开始的漫长时间里,豆同学很多时候都是与保姆一起度过晚饭时光。直到他9岁那年,我换了一份工作,才终于可以经常回家吃晚饭,并且很少出差了。所以,我一直认为我对孩子小时候的陪伴非常不足,虽然我不工作的时候都尽量陪着他,但时间总量是很少的。

2013年,我辞去工作,回归家庭,开始有了更多的时间陪伴他成长。而彼时,他已经快满12岁,刚进入小学六年级第二学期。

那是一个十分令人难忘的春天。就在学校组织外出春游回来的第二天,他们的一位同学坠楼身亡。朝夕相处了6年的同学,前一天还在一起欢声笑语，突然就没有了，这对于孩子们来说是个巨大的冲击。我万幸自己这个时候在孩子身边，有时间并且有心境陪伴孩子走过这个特殊时期。

至今仍然记得，我当时主动跟他们班上的家委会联络，告知我现在有空，询问是否需要帮忙。放下电话之后，豆同学感叹地说："妈妈，我们这个班都快解散了，你终于有空了。"

一句话说得我十分心酸。我立马表态："儿子，你相信我。整个中学6年，我一定会陪着你！"

没想到他撇撇嘴说："我已经长大了，不需要你陪了！"

这话虽然有点打击我，我却并没有太认真，而是相信自己接下来的调整一定会开启我与他之间新的陪伴模式。

第一件事就是去接他放学。我想给他一个惊喜。

以前最不忍心的就是送他去幼儿园时回头看见他一边哭一边追出来的样子，而最开心的就是去接他时他一路飞奔过来扑向我的怀抱。然而，我却并没有去接送他多少次，更多的时候，都是保姆在做这件事。所以辞职以后，我做的第一件事就是兴致勃勃地去接他。

那天，我算好时间，提前十分钟等在校门口。放学铃声响过以后，跟在校门外等待的其他家长一样，我的脖子也伸得老长，在一队一队走出来的孩子中寻找豆同学的身影。

终于看到他了！我兴奋地冲他挥手。然而，他没有我期待中的欣喜若狂，也没有一路飞奔过来。相反，他的脸上表情复杂，脚下磨磨蹭蹭。他一边向两边看一边走到我跟前，嘟哝着说："妈，你怎么来了?"继而说"快走吧!"然后一步不停地自顾自向前走了。

我有点发愣。虽然他的脸上有一丝掩饰不住的喜悦,但同时呈现出来的扭捏和尴尬的表情,以及不咸不淡的招呼和自顾自的脚步,依然给我泼了一盆冷水。我紧走两步追上他,想揽着他的肩膀,没想到他闪一闪让开了。

直到大约两百米以后的第二个拐弯处,回头看不到学校了,他才慢下来,靠近我,并且挽住了我的胳膊。

我有些疑惑地问他:"怎么了,看到我来接你不高兴?"

他说:"高兴啊!可是,我都这么大了还要妈妈接,同学看到多丢人啊!"

原来如此。那一瞬间我知道了,那个早上上学时可怜地问"今天你能不能来接我",那个在校园里远远看到我就高兴地奔过来扑进我怀里的小孩儿,已经长大了。当我想给他一个惊喜的时候,其实给了他一个惊吓。他再也不会盼着要我接送了。感觉一个时代已经过去,我有些遗憾自己曾经错过的陪伴,同时也庆幸自己及时停了下来。还有时间,相信以后还会有更多的精彩。

当孩子不像以前那样跟前跟后的时候,当孩子在同学面前与你拉开距离的时候,别奇怪,也别失望,这说明美好的青春期来临了。

02
闹独立的小孩

记不清豆同学具体是什么时候开始闹独立的。大约是小学三年级以后,他经常要求自己上学、放学。当我在他六年级时终于从忙碌的职场生涯中解脱出来,开始有空去接送他时,他的反应是既开心又抵触。开心的是我终于有空去接他了,抵触的是觉得自己长大了,不应该再要人接了,尤其是怕被同学看到没面子。所以,当12岁以后,他希望我最好不要去接送。如果实在要接送的话,一定要在学校两百米以外的地方止步。

除了这一点之外,当时12岁的他外出时还是会很享受跟我和他爸爸在一起的感觉。搭着肩膀,拉着手,环着腰,搂着脖子……这些动作还可以有。有时看到我和他爸爸拉着手走,还要过来走在我们俩中间,然后一左一右地牵着。只要,没有遇到同学或者老师。

上中学后，他独立的标准不断地刷新。在家的亲密还可以有，在外面就不行了，靠近学校附近则更是雷区。到了初二，情况更甚。一起走在外面时，他不跟我并排；有时候明明是一起出家门，往一个方向去，他也不肯跟我走在一起；在外面吃饭时，他躲避我的亲昵举动；下小雨时，他宁可淋雨也不愿跟我共用一把伞；晚安拥抱时，他要求在客厅进行……所有这些，理由都是一句话："显得太不independent（独立）了！"

不仅如此，生活上他也开始逐步自理。虽然小时候因为怕火，他几乎不进厨房。从煮饭、下面条开始，慢慢可以做出三菜一汤；从第一次进菜场买菜，逐渐可以购置自己所需的各种学习用品；从只会扫地，渐渐学会了洗碗、晾衣服、刷球鞋；外出旅行时，从以前只会紧紧跟着我，转变为手扛肩挑背行李，还主动冲到前面去探路。

社交上也在变化。从以前要靠家长约着小朋友一起玩儿，转变为自己与同学相约着去玩儿、看电影；从只有一两个好朋友，变成更多的同学走进彼此的生活。

性格上也在变化。从遇到一点小事就急躁，慢慢变得越来越淡定，甚至会劝解其他着急的同学，即使犯脾气也能迅速地调整好自己。

学习上也从被动一点一点地变得主动起来。

初二暑假的一天，从来不愿意上课外班的他，竟然主动向我申请要去报个名。我说："好啊，你自己上网看看怎么报名吧，不是要

independent 吗？就从这件事情开始。"果然，他自己在网上查好了信息，带着我去现场。到了那里，他自己跟课程顾问咨询、自己选择上课时间、自己填表，我只负责最后签字。回家的路上，他很高兴，觉得自己搞定了一切，很有成就感。

而我，对于他的这些变化，真是又喜又忧。喜的是吾家有儿初长成，看着他朝气蓬勃、步履坚定地走在前面，感受着他在一步一步的独立中不断探索自己的人生方向，不断在错误中学习和进步。忧的是他这么快就从一个离不开妈妈的小宝宝变成了独立勇敢的少年郎。我心里的失落挥之不去，有时甚至想说：慢点长吧，我的宝贝。

这个过程，相信很多青春期孩子的家长都感同身受。当孩子因为闹独立拉开跟父母的距离时，我们心里多少会有些失落和不甘。可是，这就是养育孩子的必经过程。父母对孩子的爱最终是为了分离，是为了让孩子在独立以后内心盛满爱，浑身充满力量，然后信心百倍地去面对他们自己的人生。所以，淡定从容地面对这个过程，是父母，尤其是妈妈的必修课。

几点体会分享如下：

（1）最重要的，不要以为孩子跟我们拉开距离就说明他们不爱我们了。他们闹独立的种种行为有时候可能会有些鲁莽，甚至让我们有点受伤，但其实，他们对我们的爱依然如故。

（2）孩子在尝试运用自己的能力时并不一定都是吹着号角向全世界宣布的，有时候反而不想让我们知道。因为他们也要面子，也怕面对失败，更怕失败后被取笑。所以，尽量忍住吧，不要去多方打探了。即使不小心知道了,也留一点空间给他们。

(3) 孩子的美好愿望和目前的能力并不一定能匹配,所以有时候会捅娄子、犯错误。当他们不肯放弃,执意要再尝试的时候,即使我们凭经验知道结果会是一样的,仍然可以给予鼓励和信任,让他们自己去体验和发现。

(4) 青春期的孩子经常会处在自信和自卑两个极端。在闹独立的过程中遇到挫折时往往容易否定自己,这时候我们千万不要打击和嘲笑,相反要鼓励他们面对挫折。有时,一个爱的拥抱就是最好的支持。

与青春期孩子的沟通话术

建议说的话:

(1) 看起来你很有主意,能说说看吗?
(2) 我相信你一定有自己的想法,愿意告诉我吗?
(3) 看起来你很受挫,我可以抱一抱你吗?
(4) 如果你希望自己来做这件事,我支持你。
(5) 没关系,我相信你一定会从中学习到下次该怎么做了。

不建议说的话:

(1) 你懂什么,别瞎说。
(2) 看你搞得这一团糟,净添乱!
(3) 你看你看,不行了吧。还不肯听劝。
(4) 你翅膀硬了,不用我了是吧!真没良心!
(5) 早就跟你说了不能这样,现在知道了吧。

03

中二高冷症

要酷，不苟言笑，父母问话通常回答"不知道""随便""不要"，不主动打招呼，照相时不笑或者根本不愿意照相……这些都是传说中的"中二高冷症"的典型症状，也是令很多父母觉得很受伤的痛点，因为我们实在不能接受那个甜蜜小宝贝突然变成这样的臭屁脸。

为什么是中二高冷呢？

因为孩子初一刚刚进中学，还是学校里最小的一拨儿，无论是在老师心里，还是在高年级的学长眼里，他们还都是小屁孩儿，想跩也跩不起来。而且的确还有很多孩子正处在过渡期，无论是样貌还是习惯都还保持着小学的痕迹。可到了初二就不同了，我仍记得豆同学开学那天回来以后兴奋地说："哈，我们终于不是全校最小的啦！我们也可以摸着别人的头说'小屁孩儿'了！"

可不是嘛，初二的孩子身体普遍开始发育，抽条儿的抽条儿，长胖的长胖，脸上的稚气慢慢褪去，小大人的模样开始显现。同时，经过一年的适应，他们对中学生活也逐渐得心应手，人际交往也进入一定的轨道。小群体开始出现，女生有闺蜜，男生有哥儿们。他们会感觉自己进入了一个与之前完全不同的新阶段。总之，他们觉得自己已经长大了，要有点大人的样子了。而要有大人的样子，首先得让自己严肃起来。

比较有意思的是，在高年级的学长眼中，初二的孩子虽然自以为很成熟了，但依然很"傻"，他们只是在"装酷"，而不是真的酷。所以在形容他们那些比较可笑的语言或行为方式时，会说"很中二"。

与此同时，学业上的压力也逐渐大起来。学科增多，难度增大，令很多孩子疲于应付。有相当一部分孩子开始觉得吃力。很多从小参加的兴趣班被家长叫停，家长开始花更多的时间精力关注他们的功课。这样的状况使很多孩子失去了往日无忧无虑的笑脸，取而代之的是脸上的愁容。

身体的发育也是一件让人欢喜让人忧的事。一方面他们很期盼和欣喜于自己的发育，这让他们感觉到了长大的自豪。另一方面发育又会带来各种烦恼。荷尔蒙在体内乱窜，让他们的情绪时常处于起伏不定的状态，自己也搞不清自己为什么会忽而高兴，忽而低落；发育慢的羡慕发育快的，发育快的其实又觉得尴尬；还有各种嫌弃自己高矮胖瘦，长青春痘，以及由发育带来的身体莫名的疼痛……这些都是孩子们需要应付的。

有的家长这时候也越来越像唐僧了，脸越拉越长，念紧箍咒的频率越来越高，看别人家的孩子眼更红，看自己家的孩子更不顺眼。一方面抱怨孩子离自己越来越远，另一方面又各种嫌弃、批评、指责、挑剔，使出十八般武艺把孩子往外推。

这样的情况下，孩子想保持以前那副无忧无虑的模样，可真不是一件容易的事。变得"高冷"也就很好理解了。

当然，每个孩子都不一样，遗传性格不同、生长环境不同、从小的经历也不同，所以成长节奏也不一样。以上种种情况不一定都出现在初二，"中二"只是一个具有普遍意义的年龄。

我比较幸运，孩子的高冷症没有那么明显。这也许是因为孩子上小学时我陪得太少，上初中以后我们都还在慢慢补以前缺失的相互陪伴的功课；也许是因为他的性格比较开朗，一直是个比较愿意表达的孩子；还可能是因为他所在的学校和班级是个阳光、团结的集体，孩子们普遍热情开朗，再加上我们的家庭气氛也一直比较融洽和温馨，一家人一直有说有笑，有比较畅通的沟通渠道。

但是，除了照相。照相，尤其是跟家人一起照相，好像是青春期孩子普遍抗拒的。豆同学有两个阶段也对照相很抵触。一是小学五六年级，一照相就做鬼脸；二是初二以后，几乎没表情。当我们表示希望他能有些表情时，他就笑得比哭还难看。

前一段时间，我翻开自己的相册，看到自己在这个年龄段的照片时，禁不住笑了。因为我那时候也是一脸的严肃。原来30多年前，我也曾高冷过。

04
臭美综合征(一)

青春期的孩子, 爱美是应该的

有一天,豆同学突然跟我说:"妈,给我买两件衬衣?"

我:"好啊。怎么想起要穿衬衣了?"

豆:"我们有些同学上学时都把衬衣穿在校服里面。我好像穿得太随便了。"

我:"哦,好啊。我带你去买。"

我表面上很平淡地回答他,内心却有点狂喜。终于,这个孩子也开始讲究着装打扮了!要知道这家伙以前是可以将破了洞的裤子穿出去,T恤领子变了形也满不在乎的人啊。

有好多孩子上小学时就开始注意自己的形象了，有些人到了成年仍然不修边幅。但是青春期的孩子普遍开始关注外表，注意打扮。只是他们的探索刚刚开始，并且，他们的标准与我们不一样。

很多年前，我在为广州电视台的一档心理治疗节目《夜话》撰稿时，有一对母女给我留下的印象很深。当时她们的关系非常僵，母亲数落孩子的罪状之一就是太臭美——"整天照镜子""穿衣服挑三拣四""还偷着化妆"……

当时的心理治疗师，来自香港的萨提亚导师蔡敏莉女士长长地叹了一口气，说："16岁的女孩子，你不让她爱美，那你希望她什么时候爱美呢？她要是现在不爱美，以后就不一定知道怎么美了。如果是我的孩子，我会使劲儿鼓励她爱美，帮她买漂亮衣服、教她化妆，想怎么美就怎么美！"

现场的我颇受震动，因为我从小受到的教育是"不要臭美""外表美有什么用啊，只有内在美才是真的美""爱美的孩子学习都不会好"。对爱美之心的打压和鄙视，导致我成年后用了许多年的时间、花了很多冤枉钱，才学会了穿衣打扮。

记得刚工作几年后的某一次，我母亲来到广州。看到我露着一张被广州的烈日晒得黝黑的脸，穿着一双舒适的平跟鞋，在她面前风一般地来来去去时，追求完美的工作狂母亲忍不住说："哎呀，人不够高就穿双高跟鞋嘛！""皮肤黑要打点粉啊！""这么大的太阳，都不知道出门带个帽子、打个伞！"

而我，只是满不在乎地笑着说："嘿，这不都是您教的嘛！不要把时间浪费在臭美上,要肚子里有货,否则再漂亮都没有用。"母亲则悻悻地回道:"那是以前啊,以前你的任务是学习,现在不同了,要注意一下形象了。"

这个回答大概至今仍然是大部分家长的观点,尽管时代不同了,我们仍然认为孩子在读书的时候,不能太爱美,不然就会耽误学习。

真的是这样吗?下面我们就来探讨一下关于孩子爱美的问题。

美的标准是什么

有位14岁女孩的妈妈指责孩子穿衣打扮太不像话,我问怎么不像话了,她说:"就是大夏天上身穿长袖衬衣,下身穿牛仔短裤,衬衣放在外面遮住了短裤,看起来像没穿裤子一样,太难看了!"

我笑着说:"你猜猜,她这样出去见她的小伙伴时,她们会怎么说?"

这位妈妈犹豫了一下,说:"应该也不会觉得好看吧?"

我说:"那你再猜一猜,如果她的小伙伴都说不好看时,她会怎样呢?"

这位妈妈笑了。

的确,孩子们穿得好看不好看,不是我们说了算的啊!

十几岁的孩子,穿衣打扮的标准怎么可能跟我们一样呢?况且,我们这一代人有多少是很会打扮的呢?

还有一位爸爸,对于自己的孩子在冬天坚持穿短袖表示极其不能忍受。一方面,他心疼孩子,怕他冻着生病;另一方面,他气孩子不肯听话,要跟自己对着干。在他眼里,在寒冷的冬天还穿短袖,这孩子就是有毛病。

当这位爸爸在群里提出这个问题时,引起了家长们的热烈反响。有人说自己的孩子也是这样,不提醒、不要求就不知道加衣服;有人说自己的孩子甚至全年不穿长袖;有人说自己的孩子虽然穿着长袖出门,到了校门口却会把长袖脱下来塞进书包再进校园。

大家都表示十分不理解。

透过家长们的焦虑,我看到了那些可爱又可怜的孩子们,在日复一日的校服包裹下,在千篇一律的运动装里面,跳动着的是一颗颗追求时尚、彰显个性以及表现自我的心,还有在有限的范围内,努力抗争,想拥有自主权的渴望。

所以,在衣服已经被规定是校服的前提下,他们能做的就是悄悄地去把校服肥大的裤管改小,在穿礼仪服时把衬衣留在裤子外面而不是扎进皮带中,在运动装的里面悄悄穿上衬衣,在大家都穿长袖时坚持穿短袖。还有,尽量拖延理发的时间,能不剪发就不剪发……

这些做法,在焦虑的父母眼中,全都成了问题。

我也曾经为孩子不到万不得已不去剪发的问题再三纠结,也为他在湿热的夏天绝不穿短裤而闹心。后来,当我把自己内心的标准放下,不再执着于孩子一定要按我的想法来做时,才终于轻松了。

是的,为什么一定要让孩子按照我们的审美标准生活呢?他们是独立的个体,他们是一个个鲜活的生命,他们有自己的喜好,他们有自己的无奈。他们努力地在学校和社会的各种规矩中摸索稍微能够彰显一点个性的方法,他们在家长的各种要求和压力下奋勇捍卫自己少得可怜的主权,不容易啊!

况且,每个时代都有自己鲜明的特征。在追求时尚这件事情上,我们不仅不应该去干涉孩子们,反而要向他们学习。年轻人对时尚有着本能的嗅觉,对父母辈的风格有着本能的反叛。所以,指望孩子们像我们期待的一样穿衣打扮,不仅没必要,也没可能。

请把爱美的权利还给他们,相信他们的审美能力,相信他们知冷知热的能力,相信他们在错误中不断学习的能力。接受他们跟我们不一样的想法,让他们的爱美之心自然发展,不因为要对抗我们而走上过于激烈,甚至连他们自己本来也不认可的道路。

应对孩子臭美问题六步骤

(1) 在想去反对孩子的穿衣打扮时,想一想,你担心的是什么?

(2) 问自己,你担心的依据是什么?这个依据是客观事实吗?

(3) 再问问自己,你担心的最坏结果是什么?它出现的可能性有多大?

(4) 如果它出现,你有办法应对吗?如果有,就可以不用干涉了。

(5) 如果没有,平静地告诉孩子你的担心,并跟孩子一起探讨,如何才能既满足他的需要又解除你的担心?

(6) 尊重彼此,找到折中方案。

05

臭美综合征（二）

关于孩子爱美常见的三个问题

第一个问题：什么时候可以爱美？

答：该什么时候就什么时候。

大部分人有着与生俱来的爱美天性和审美意识，当生长发育进入一个对美的敏感期时，我们自然就会发展一部分这方面的能力。如果没有被干扰或阻挠，我们对美的学习会分阶段完成。

比如三四岁的孩子想自己挑衣服穿，爱照镜子，抹妈妈的口红；八九岁甚至更小的小妞儿开始关注衣服的搭配、发型、化妆品、高跟鞋；十五岁左右的女孩很可怜，除了少数艺术特长生外，大部分都穿统一的校服，甚至被迫留统一的发型。但即便如此，孩子对美的追求也会从校服下面的里衬、搞活动时的精心装扮和节假日时的搭配中透露出来。

此时，只要允许、不打压，孩子就会发挥他们的天赋，不断尝试，学习美的功课会自然完成，效果也会事半功倍。

我的一位朋友，任由她的女儿从小自己挑衣服穿，无论穿得多么"错"、多么"奇怪"也不取笑她、打击她，更不去强行纠正。结果孩子在八九岁时就成了妈妈的购物顾问，眼光之精准、品味之好令妈妈自愧不如。

很多家长受不了孩子每天在镜子面前磨磨蹭蹭，主要是担心孩子会因为爱美过度而引起一些其他问题。

这就涉及第二个问题：爱美会有问题吗？

答：没问题。

有一位 8 岁女孩的妈妈，无比着急地找到我，说自己女儿的爱美让她非常焦虑。

女孩妈妈："我女儿最近会为了穿她认为好看的衣服，早上起来花很长时间（完全不顾已经快要迟到了），还非要在冬天穿夏天的衣服……"

我："你在担心什么呢？"

女孩妈妈："我担心她太爱美，觉得美比其他重要。"

我："太爱美会怎样呢？"

女孩妈妈："怕过了，中心不对了。我总觉得太爱美的姑娘容易不注重学习。"

我:"孩子目前爱美影响到学习了吗?"

女孩妈妈:"还好。"

我:"所以呢?"

女孩妈妈:"可是早上她这样去找衣服也随她?"

我:"她因为找衣服迟到过吗?"

女孩妈妈:"目前没有。但我觉得如果我不强行制止,她就会迟到。"

……

看到这里我想大家也明白了,很多时候我们对孩子的担心建立在未来的、可能的、极端的结果之上,于是我们把他们自己该面对的问题和责任死死地抓在了自己的手中,希望可以控制局面,不出现我们想象的糟糕情况。这固然有可能成功,但也有可能将事情引向更糟糕的一面,即孩子极端反抗、争取权利,或者完全服从,放弃自己的责任。这都不是我们想看到的结果。

第三个问题:如果真的因为反复找衣服迟到了怎么办?

答:通过倾听,了解孩子的需求。运用启发式的提问,与孩子一起讨论解决方案。

看看下面的案例。

妈妈:"宝贝儿,我留意到你今天早上找衣服用了15分钟,结果迟到了。"

女儿:"哦。"

妈妈："我知道你现在很爱美,希望穿最好看的衣服到学校去。我在你这么大的时候也这样。"

女儿："哦?真的呀,你也会这样吗?"

妈妈："是啊,穿得漂亮会有很多人注意呢。"

女儿："是啊,我们班的小娜每天都穿得很漂亮,大家都很注意她呢。"

妈妈："你也很想得到多一些人的注意是吗?"

女儿："是啊。"

妈妈："那,除了穿得漂亮的人,还有哪些人会被注意呢?"

女儿："嗯……浩浩也被很多人注意,他跑得特别快。"

妈妈："哦,还有吗?"

女儿："还有……亮亮,他数学总是考第一。琪琪也是,她画画画得特别好!还有兰兰,她的英语特别好听……"

妈妈："哦,有这么多人都被注意到呢。那,你有什么被注意到的吗?"

女儿："他们都说我带读课文读得好。"

妈妈："哦,还有吗?"

女儿："还有,我很整洁啊。书包总是整整齐齐的,头发也梳得很整齐。思思她们总是摸我的头发,看我的衣服。"

妈妈："嗯,我也注意到了。我看到你每天都认真收拾书包,还认真地梳头、找衣服……"

女儿："嗯,就是啊!"

妈妈："这样挺好的,只要时间安排得好,不会有什么问题。"

女儿:"嗯……我今天本来以为时间够的。"

妈妈:"那你觉得有什么办法,既可以保持你的整洁、漂亮,又不会迟到呢?"

女儿:"我想想……我可以头一天晚上就准备好衣服。"

妈妈:"嗯,这是一个办法。还有吗?"

女儿:"嗯……我还可以把能配成一套的衣服放在一起,这样就不用每次来配了。"

妈妈:"哇哦,又一个办法。还有吗?"

……

这个对话中妈妈运用了"倾听""共情""启发式提问"等方法,目的不是控制孩子不要因为爱美耽误学习,而是为了启发孩子思考一些他们自己有能力思考的问题,引导他们去发现自己爱美背后的需求是什么,思考如何去满足自己这些需求,如何做到既爱美又不耽误事儿。实际上,在这个过程中我们就是在教给孩子如何发现问题的本质、如何解决问题,如何进行时间管理。但这个过程,完全是一个由孩子自主思考并主导方法的过程。

其他类似的问题还有许多,比如:她因为爱美,成绩下降了怎么办?她因为冬天穿夏天的衣服,冻感冒了怎么办?她因为爱美,有男生喜欢她怎么办?……

多读几遍上面的对话,你一定会想出自己的独门秘诀。

最后一个问题:我们的小男子汉们可以爱美吗?

当然可以啊!我这不是终于等到了吗?

06
请你叫我的名字

关注名字是了解自己的开始

孩子们从小就知道,当爸爸妈妈突然叫自己全名的时候,基本上是有难了。

事实上,我们从孩子一出生,就费了很多心思给他们起个好名字,通常是深思熟虑,甚至找人测过算过,寄予了我们的美好期望,承载着孩子的美好前景。但这个名字都是为了孩子上幼儿园以后被别人称呼的,我们自己则很少这样叫他们,除了在我们真正生气的时候。

我们日常称呼他们的,往往是小名,一个可爱的、亲昵的,相对普通的小名。也有起得比较随意的，比如我家。

有一次儿子用不无揶揄的口吻跟我说："妈，你们怎么想的，用一个虚词给我起名字？"

我跟他说："因为我们的希望都是虚的，只有你自己创造出来的未来才是实的。"

的确，我至今仍然记得他刚从医院回到家的情景。那时候每天要给孩子洗澡的事情让我们一筹莫展。我在月子中，理论上不应下水，而先生面对这样一个软绵绵的小家伙，真的不知如何下手，生怕弄疼了他。于是，第一周，我们请了一位专业的护士来给宝宝洗澡。

这位美丽温柔却动作麻利的护士每次来的时候就会念叨，给孩子起个大气一点的名字吧，你看，"轩然""逸然""伟然"多好。而我们总是会说，孩子有他自己的人生，他将来是怎样的"然"，由他自己去书写吧。

也许从那时起，我跟他爸爸就下定决心，让他自己成为他想成为的样子。

所以，他的名字，就这样定了下来。而他自己在上小学三年级前，从来没有提出过任何疑问。小学三年级开始，豆同学开始研究自己的名字。他不止一次地问我和爸爸："你们是怎么想到给我起这样一个名字的呢？"我们就耐心地解释给他听，大名是怎么起的，小名是怎么来的。小学四年级时，他开始要求我们在外面不要叫他的小名，尤其是在同学面前。到了初中，他又开始质疑自己的大名："为什么你们用一个虚词来给我做名字？"

关于 "自我同一性"

心理学家埃里克森认为，发展"同一性"是孩子进入青春期后的核心任务。

"自我同一性"是一个心理学概念。我们可以简单地理解成，我们每个个体在生命发展过程中，都需要尝试把与自己有关的方方面面整合起来，包括过去、现在和未来的自己，以及别人和自己眼里的自己，从而形成协调一致的不同于他人的独特的稳定人格。自我同一性的确定，就意味着我们对自身有着充分的了解，对自我有着清晰的完整的身份确认，并且开始对自我发展的一些重大问题，诸如理想、职业、价值观、人生观等进行思考和选择。

早在幼年，我们就已经开始形成自我感知，但是进入青春期以后，我们才会第一次有意识地研究和回答"我是谁"这个问题。随着对"我是个怎样的人""我想要什么""我能做什么""我要成为怎样的人"这些问题的思考和研究，我们逐步开始对自我和世界进行探索。

所以，孩子们对自己的名字以及它所赋予的含义的认同和研究，就是自我探索的一部分。

他们小时候一直根据我们对他们的称呼来认知自己。从最初的"宝宝""宝贝儿"到之后的各种小名，例如"豆豆""牛牛""甜甜""妞妞"……他们一直毫无异议地回应着这些称呼。

直到有一天，他们突然开始琢磨这些名字：为什么？这个名字有什么意义？它对我意味着什么？我都已经长大了，为什么还要叫我的小名？

然后，突然有一天，他们会正色道："请你叫我的名字。"

当然，要认清"我是谁"，名字只是其中一步。事实上，孩子们要花很长时间来认识自己、整合自我认知与周边人对自己的评价、整合过去、现在和将来的自我，努力探寻"我是谁""我想要什么""我能做什么"等这些问题的答案。

当他们把这些问题的答案都找出来以后，理论上来说，他们就算是成年人了。

而这是一个很艰难的过程。既有着探索的乐趣，又有着对未知的恐惧；既有小试牛刀的兴奋，又有对自己能力的失望。还有自己所信赖的父母、老师的认可，同龄人的认同，宏大理想与骨感现实的反差带来的失落，对前途的茫然和纠结……这是一段孤独的旅程，作为父母，我们能帮的并不多。

父母可以做什么

或许，我们不去添乱更重要。了解他们，尊重他们，是对他们最大的支持。

例如，认真解答他们对于名字的好奇。在他们希望被称呼全名的时候不称呼他们的小名；在他们自我探索的过程中鼓励他们试错而不是打击和羞辱他们，不给他们贴标签（无论是好的，还是不好的），不对他们下咒语（例如，你这个样子将来只能去睡大街）；在他们感到自我认知与别人的评价有偏差时进行积极的解读和引导。

如果这些都做不到，至少我们可以闭上嘴、打开耳朵，多听少说。

有一个12岁的孩子告诉我，从她记事起，她的父母就没有认真听她说过话。很多时候，她遇到困惑只能自己一个人默默扛，有时候会跟最亲密的好友吐槽，然后两个人会越说越丧气，以至于要用自残的方式才能让她们感受到自我的存在。

事实上，发现自我、建立自我、发展自我，对我们大多数人来说，可能是一生的功课。如果青春期时，在这方面的探索能够得到保护、支持和鼓励，孩子们就会更顺利地了解自己是谁、是怎样的人，了解自己的喜恶偏好，清楚自己的优势和弱点，更早明确自己的努力方向，从而为下一步上大学和进入社会奠定更好的基础。正是在这样的过程中，他们慢慢找到自己明确的存在感。

从最近几年流行的"巨婴说"，到很多人口中的"啃老族"，在我看来，这些人就是没有真正长大成人，他们还停留在青春期甚至更早的年龄阶段，对自己的认知模糊，对于未来也没有方向。所以，如果我们希望孩子们成为一个真正对自己负责的人，在青春期这个重要的阶段就要给他们机会去探索、去经历、去犯错、去体会。因为只有通过犯错，他们才能从中学习；只有亲身经历，他们才能真正形成属于自己的经验，才能真正建立自己的独立人格。

第二章

家 庭 篇

01
父母依然是孩子的天

孩子最在乎的依然是父母和睦

有一个孩子,家里十几年从来没有消停过。父母经常吵和闹,甚至动手,可是好起来的时候又非常甜蜜。父母的文化层次都很高,吵架的时候都很有词儿,并且都是用最狠的话来伤对方。孩子就在这样的氛围中长大,已经习惯了这样的生活模式。好的时候一家子和和睦睦,打的时候一屋子鸡飞狗跳。

就这样孩子到了青春期,说起这些事时已经由小时候的害怕和回避变得满不在乎了,甚至有一次认真地说:"我希望他们早点离婚,彼此都是解脱。这样下去他们不幸福,我也很不开心。"

当时我听到这些话，心里有些难过，同时也有些释然。心想，孩子长大了，不再那么依赖父母，也许父母分开对孩子来说是件比较容易接受的事情了。

然而我错了。之后的某一天，当已经上高中的孩子得知父母真的办理了离婚手续的那一刻，还是十分崩溃。因为，之前再打再闹，父母在一起，一家人在同一个屋檐下，对孩子来说，就是家还在。如果父母分开，对孩子来说，那一刻的恐慌无异于天塌了。

当然天实在塌了也没什么，只要我们能够用语言让孩子清楚地知道，更重要的是用行动让孩子感受到，无论父母是否在一起，他们仍然是被爱的，是安全的，是不用担心任何问题的。这就能够让孩子安心，并尽快从伤痛中恢复，慢慢适应父母分开后的生活。

外表虽酷，但心中仍渴望

同样，很多青春期孩子的父母也会觉得十分失落，因为在原来那个一步不离、紧紧缠绕的小不点儿面前，现在经常感觉到自己被嫌弃。

那个臭孩子要么一脸不耐烦地说"哎呀，你别问那么多了，反正跟你说了你也不懂"；要么明明走同一个方向，却要求你远远地跟在后面，生怕被别人知道你是他娘；要么满脸歉意地说"呃，要不你还是另外打一把伞吧"或者"这个电影我想跟同学去看"；要么在睡前不再肯跟父母拥抱道晚安，最好不要有一点儿身体接触；要么好好地走在大街上，突然甩开你的手，走到马路另一面去，只因为迎面走来了他的同学……

所有这些，让我们既失落又疑惑，难道他们真的不需要我们了吗？

有一次，在我们的家长课堂里，当听到我布置的家庭作业是每天回去对孩子表达一次爱，可以用语言说"我爱你"，也可以用行动表达爱，比如拥抱，一位在企业担任高管的爸爸疑惑地问："周老师，拥抱比较适合女孩吧？我家是个男孩，都14岁了，还搂搂抱抱合适吗？再说，就算我想抱，人家也不一定给抱啊！"

我微笑着问他："你现在都这么大了，如果太太每天跟你拥抱一次，你会是什么感觉呢？"大家都乐了，他也笑了。然后我说："回去试一试好吗，看看会发生什么？"

下一次课的分享环节，这位爸爸主动举手要求分享。大家都很期待地看着他，调侃地问"抱到了吗？"他认真地回答："没有。回家我问儿子，我们老师要求我们每天跟孩子表达一次爱，并且拥抱孩子一次。如果我这样对你，你会怎样呢？"他接着说："没有想到我儿子沉默了一会儿，反问我，你做得到吗？"在场的父母都沉默了。这位爸爸感慨："说真的，我没有想到他会是这样的反应。因为平时他的表现好像根本对我们毫不在乎，没想到其实他内心还是很在乎的，还挺渴望亲近的。"大家都很动容，我和几位妈妈眼里都泛着泪光。

这就是我们的青春期孩子，无论他们表面上如何高冷，无论他们装得多么不需要我们，父母仍然是他们的天，家仍然是他们内心最需要的安全港湾。

需要的方式不同了

在我刚刚辞职的时候,豆同学表现得不以为然。他的理由是自己已经长大了,不需要我陪了。而我也的确发现,孩子不再像小时候一样希望我在家待着了。当我要出门时,虽然同样是问"你什么时候回",但显然已经不再是巴望着我早点回,而是计算着他有能多少自由的时间。于是,我每天晚饭后,在他写作业的时间里会出去散步,在家附近的精品小店里逛。

直到有一天,我因为一点儿事情耽搁了没有出门,就在客厅里看书。在自己房间里写作业的豆同学一会儿跑出来跟我说个事儿,一会儿又出来问个话,一晚上断断续续地跟我说了许多话。我一方面觉得他做功课太不专心了,另一方面却突然意识到,孩子已经成长到了另一个阶段,就是他们自己以为自己不再需要我们,而其实内心仍然是需要的,只是需要的方式不同了。

当我们不在时,他们可以很享受自己独处的时光,但当我们在时,他们依然很愿意跟我们交流,跟我们分享。这正是孩子成长得很顺利的重要标志,而这些时刻,如果我们在,我们就能顺利地进入他们的内心世界,了解他们的感受,倾听他们的故事,与他们达成心与心的联结;如果我们不在,我们就会错过一次这样的机会。孩子与父母之间既各自独立,又相互依赖,这正是人类潜能导师史蒂芬·柯维(Stephen R. Covey)所说的互赖期。

在我做的一些个案辅导中,孩子对父母的评价往往远远高过父母对孩子的评价,也远远高过家长以为孩子对自己的评价。那些表面上拒父母千里之外的孩子,在谈及父母时评价多是"很有能力""很厉害""很爱我""很关心我""很善于管理公司""很勤奋""很为他们自豪"。

不要让孩子成为替罪羊

有一位高中的孩子,一直为初中时父母离婚耿耿于怀,因为他内心一直认为父母是因为自己才离婚的。这位孩子的父亲也的确认为,跟太太在别的方面都没有一定要分开的必要,唯独在对待孩子的问题上分歧太大,没有办法调和,只能分手。

于是这个孩子内心便背上了这样一个罪责,是因为自己不好才导致父母离婚的。他一直没有办法从中走出来,并且企图用放弃自己的态度来摆脱这种负罪感。

我跟孩子说:"父母离婚是他们自己的选择,跟你没有关系。看起来似乎是因为对待你的态度和做法不同而引起的,但实际上是成人处理矛盾和冲突的方式有问题。"孩子将信将疑地问我:"是真的吗?"有一些关系不和的父母常常迁怒于孩子,甚至把责任推给孩子,让孩子觉得自己才是造成父母不和的原因。还有些父母甚至让孩子来决定他们是否离婚或复婚。我想说,不要让孩子来为我们成人的决定负责。无论父母是否愿意在一起,都是自己的选择,要自己承担起这个责任,不要拿孩子作为理由,更不要怪罪孩子。

处理好与青春期孩子关系需明确的几个认识

(1) 青春期的孩子内心仍然需要父母的亲近。

(2) 孩子有时故意疏远我们,是想找独立的感觉。

(3) 坚持向孩子表达爱和亲密,只要够真诚并不会让他们反感。

(4) 不要把孩子的疏远行为看作是针对自己的。

02
关于独立睡觉的三问

第一问： 什么时候该独立睡觉了

很多 8～14 岁孩子的家长都有一个困惑，就是孩子独立睡觉还成问题。

一位 11 岁孩子的妈妈跟我说，她儿子还总是跟自己一起睡觉，她自己也觉得没什么，可是老有人跟她说这样不好。另一位 12 岁女孩的妈妈反映，孩子总说自己一个人睡觉害怕，而且真的会半夜醒来睡不着，她非常烦恼，也有些担心。还有一位 15 岁男孩的妈妈说，孩子早就自己睡了，但偶尔会因为害怕而要求开着灯睡觉……

对于这个年龄段还喜欢赖着跟自己睡的孩子，家长们的感受很复杂，一方面喜欢孩子对自己的依赖，另一方面又生怕孩子这样会有问题。的确，关于这个问题，很多专家莫衷一是。其中我亲耳听过的最可怕的说法是"3~5岁的孩子不跟父母分开睡会影响一辈子的性别意识"，真的是这样吗？

我的认知和实践都告诉我"不是"。

我身边有几个看着长大的孩子，有从小父母非常忙，基本是保姆或者老人带着睡的；有妈妈全职，一直陪伴着睡在身边的；还有上小学后就逐渐自己睡，但时不时还会一有机会就赖着想跟父母睡一起的。他们基本上都是12岁以后才正式独立睡觉的。现在长大了，在国外读大学的也好，在国内工作的也好，性别意识都很正常，并且独立生活的能力相当强。

所以，究竟孩子多大就应该独立睡觉？我的答案是，等孩子自己要求并且能做到的时候。因为，每个生命在确保自己是安全的时候，都会产生独立的愿望和能力，如果这份独立的愿望和能力没有遭到破坏，他们迟早有一天会强烈地要求自己单独睡。从我这些年的观察和个案研究来看，4岁、9岁、12岁是三个明显的分水岭。

当然，每个孩子的生长节律不同，成长环境不同，早一点或晚一点的也有。同时，自身独立的愿望和能力不被破坏其实也不容易，因为有各种各样主观和客观的因素，诸如孩子从小安全感建立得不好，父母与孩子的互动模式不够理想，养育者的人为干涉、强行训练，孩子成长过程中经历重大创伤，等等，这些都会影响孩子的独立进程。但是，生命的自我疗愈能力也是相当强大的。孩子会通过各种各样的方式实现自我修复。

在我看来，即使10岁左右的孩子，不肯独立睡觉，也都是正常现象。或者说，这很可能就是他们自我修复的一种方式。年幼时安全感的缺失也好，感觉不到爱和接纳也好，很多时候都能够通过与父母的联结得到补偿和修复。而还有什么是比满怀爱和关注地睡在一起更好的修复方式呢？青春期的孩子，绝大多数都有与年龄相称的强烈的独立意识，只要感觉自己可以做到，他们更愿意有自己的独立空间。

豆同学4岁生日那天非常激动，一再宣称自己长大了。我和豆爸逗他，既然长大了，那是不是就可以自己睡觉了？豆同学骄傲地说，当然可以啦！于是自己抱着小枕头、小被子，就去保姆姐姐上面的那张床睡了。接下来几天，他继续自己睡，看起来一切都不错，我们就正式给他和姐姐换了换床，让姐姐睡上床，他睡下床。那时候，他已经在蒙特梭利幼儿园一年多了。从2004年，他两岁半开始，蒙氏教育在中国还在起步阶段时，我就把他送进了广州的第一间蒙氏幼儿园。

豆同学独立睡觉一个月后，在幼儿园的一次家长会上，我向当时的园长孙瑞雪请教，儿子半夜似乎经常做噩梦，常常哭醒，不知怎么回事。经孙园长提醒，才意识到孩子在这件事情上承受了很大的压力。由于他4岁以前，爸爸一年中有半年左右的时间都在外出差，而我也是经常加班加点，大多数时候，他都是与保姆吃晚饭及睡下。而且，两岁半左右的时候，他还经历过一个经常换保姆的时期，所以，以他当时有限的安全感，他还不足以独立到可以离开我们安稳地睡。但是，小小的他已经有了强烈的自尊心，夸下的海口不好意思反悔，只能自己死撑。

我当时很震惊，问孙园长："那是不是应该重新让他跟我们一起睡？"孙园长说："是孩子每天晚上睡个安稳觉更重要，还是他现在就必须独立睡觉更重要呢？"一语惊醒梦中人，我和先生赶紧主动邀请孩子回来跟我们一起睡。孩子回来后，果然晚上很少再哭醒。

后来，从陪睡，到陪着睡着之后离开，到陪一会儿，到不用陪，到送到睡房门口说晚安，孩子一步一步地放开了我们的手。12岁以后，虽然偶有反复，但晚安告别仪式基本上已经转移到客厅了，我们连进到他房间去跟他说晚安的要求都会被婉拒。

第二问： 为什么要孩子独立睡觉呢

当听到焦虑的家长抱怨孩子还不能独立睡觉时，当被家长问到孩子几岁该独立睡觉的问题时，我通常会问他们："你为什么想让孩子独立睡觉呢？"他们的第一个答案往往是"因为听说……"

是的，听说，孩子一定要从小训练独立能力；听说，孩子睡在父母身边互相干扰；还听说，孩子如果太大还跟父母睡在一起，会影响一辈子的性别意识……

可问题是，听谁说的呢？他们说的就是标准答案吗？

作为母亲，我太理解其他家长的担忧了。生孩子前没有接受过培训，上了岗全靠本能和自己从父母那里学来的套路，然后就是今天这本书的理论，明天那个专家的说法，有时候两个体系还是相互矛盾的……要在这些纷杂的理论当中找到适合自己的，真正能落地执行并且行之有效的做法，实在是不容易。

我们在纠结中，很容易迷失初心。在希望得到一个标准答案的时候，我们甚至没去认真想想，这个问题本身是一个问题吗？为什么一定要孩子尽早单独睡呢？我们这样做的目的到底是什么呢？

是为了锻炼孩子的独立能力？是为了避免孩子的性别意识混乱？是担心孩子呼吸到自己的废气？是因为太挤了大家都睡不好？是因为别人家的孩子早就分开睡，我家不这样就不正常？是因为希望他早点独立睡，自己就可以早点自由？是自己睡眠不好，希望没有干扰？是单纯听到专家说的、老师说的、书上说的就觉得着慌了？……

这些，通通都能成为我们焦虑的理由。大家有没有发现，我们经常被一些似是而非的说法裹挟着，被因此产生的担心和忧虑恐吓着，做一些没有经过认真思考的决定。

其实，当我们认真思考过目的之后，也许这个问题就不再是一个问题，或者说这个问题已经被解决或者部分解决了。那么，真的一定要逼着孩子早早地跟我们分开睡吗？

如果是为了孩子，我的看法是真的没有必要。如果是为了自己休息得更好，那我们可以理直气壮地做这样的选择。因为，照顾好自己，才能真正地照顾好孩子。只是，当孩子因此出现一些没有安全感的迹象时，我们要有意识地去观察和了解孩子，帮助孩子消除内心的恐惧。

第三问：关于孩子独立睡觉，可以从哪几个方面考虑

根据我对儿子以及身边几个孩子成长过程的观察和体会，和这几年深入进行的心理学博士研修课程的学习，以及对正面管教理论体系的研究和实践；结合个案辅导中处理过的相关案例，我将自己的观点梳理成以下六个方面，供大家参考。

（1）这个问题没有绝对正确的答案，也没有哪一位专家的观点适用于所有孩子。

（2）我们的孩子天生有独立的意愿和能力。但是，这种独立的意愿和能力会受到很多因素的影响。包括先天因素和成长环境、养育方式等后天因素。

①每个孩子的生理和心理成长节奏不同。

比如有些孩子一岁就不需要尿布了，而有些孩子到五六岁甚至更大还偶尔尿床。有些孩子一出生就自己睡，有些孩子两三岁就顺利过渡了，但有些孩子则需要等到十几岁。

再比如有些孩子天生比较大大咧咧，不是那么敏感细腻，他们通常不那么容易感受到害怕和恐惧。就如有的人对巨大的声音特别害怕，而有的人没有什么感觉，以及面对同一个场景，有的人觉得很恐怖，有的人根本没感觉一样。

②生命早期和成长过程中安全感的建立情况。

比如一岁半以前的孩子，如果需求总是能够得到及时响应，会

对父母或者其他主要养育者建立起基本信任，并且随之建立对其他人以及整个世界的信任，这样的孩子就更容易早独立；再比如有些孩子从小就跟父母分离，交给老人或其他亲戚抚养，到几岁以后才回到父母身边，他们跟一直在父母身边的孩子会有很大不同；一出生就一直跟保姆睡的和一直跟父母睡的孩子也不一样，孩子一天到晚几乎见不着父母，只有睡觉时才有可能跟父母在一起，他们跟父母经常陪伴的孩子也会有所不同。

③早期被抚养过程中经历的事情。

比如婴幼儿时期被保姆或其他抚养人恐吓：如果不乖就等你睡着的时候把你扔掉；再不睡窗外就会有大老虎来吃你；警察会巡逻，看到不好好睡觉的孩子就抓走；等等。再比如成长过程中亲人离世，重要抚养者离开，等等。

④接触过一些感受很强烈的信息。

有些孩子在看了宇宙和外星人的故事之后，就害怕自己晚上睡觉时被外星人抓走。有些孩子会把一些在电影里看到的天灾人祸想象成自己生活中的场景。还有些孩子不小心看到流血、伤病、死亡的场景时会受到强烈刺激。

（3）当我们想要和孩子分房睡的时候，先问问自己，这样做的目的是什么。即前文的第二问。

（4）当真的很确定非要这么做的时候，要理解这不会是一个一帆风顺的过程，遇到困难是正常的。

这些困难通常表现为孩子的害怕和依赖，或者孩子虽然顺从，但出现其他方面的反常现象。比如，孩子经常做噩梦，半夜醒来哭着要求陪睡，在家以外的场所表现得特别急躁，跟同学之间摩擦增多，等等。

（5）遇到这样的困难时，我们需要关注的不是用什么招数搞定孩子，让他顺从，而是孩子为什么会这样？去倾听孩子，了解这些现象背后的真正原因。

是安全感不够？是想跟父母多待在一起？是受了惊吓？是看了可怕的书或影视剧？只有在了解原因之后，我们才能了解孩子内心的需求，如果我们能找到其他办法满足这些需求，这些困难就迎刃而解了。

如果孩子都十几岁了，还一定要父母陪伴才能睡踏实，否则就会经常半夜梦醒哭泣，这很可能是有一些需要去处理的问题。比如安全感不足，又或者过去可能经历了非常害怕的事件，产生了一些非常可怕的感受，等等。

（6）无论青春期的孩子出于什么原因暂时无法独立安睡，我们都可以做一件事情，那就是接纳孩子的状态，倾听孩子的声音，满足孩子的内心需求，慢慢帮他走出困境，找回独立的力量。一方面我们可以陪伴孩子、等待孩子进行自我修复，另一方面也可以视情形的需要向专业人士求助。但无论如何，如果自身的成长状态没有大的偏差的话，父母就是孩子最好的心理辅导师。

其实我们都知道，养育孩子是一场指向分离的旅行。孩子比我们更懂得这一点，他们内在具有天然的生命力和独立的意愿。只要我们没有去破坏或妨碍它们的自然发展，时机一到，他们自然会想尽办法挣脱我们的保护和束缚的，不需要父母强迫。

也就是说，总有一天，他连房门都不想让我们进，更别说跟我们一起睡了。所以，爸爸妈妈们，好好珍惜吧，别急着轰走他们。

03
你的孩子不是"白眼狼"

进入高中以后,豆同学的学习日趋紧张,爸爸又经常出差。于是一家人在一起的家庭娱乐时光越来越少,我曾经跟孩子两个人的"周末美剧时光"也很难坚持。

小长假期间,难得爸爸在家,又恰逢豆同学学校要求他们看一部爱国电影。我兴致勃勃地跟孩子说:"那咱们一起去看电影吧!"

"啊?"豆同学犹豫了一下,然后有点歉意地说,"我想约同学去看呢。"

我那股失落的劲儿吊在空中,半天下不来。

这样的事可不止一次了。从最早不愿意跟我并肩同行,到在外面时宁可淋雨也不愿跟我共用一把伞,再到旅游时由衷地感叹,下次要跟同学一起来……那个奶声奶气地说要永远跟我在一起的小不点儿，现如今怎么成了个没良心的"白眼狼"？

曾经有位初三孩子的妈妈哭笑不得地跟我说，她和儿子好好地手拉手在街上走着，心里正美着呢，突然儿子就甩开她走到马路对面去了。她疑惑着不知发生了什么，只见对面走来了儿子班上的同学，两个人见面亲热地打招呼。妈妈当时非常气恼，等孩子的同学走后，她愤愤不平地问孩子："你妈我很丢你的脸吗？用得着这样吗？"儿子看着妈妈生气受伤的样子，憋了半天没敢吭声。

这位妈妈说，至今还想不通，养到这么大一个孩子，走在街上本来是很自豪的，谁知道孩子竟然会不愿意让同学看到自己。想想自己也不差啊，不至于那么拿不出手吧。

我听了以后笑了，多么似曾相识的场景啊，青春期孩子的家长多少都遇到过吧？

我跟这位妈妈说："你想多了，这件事本质上跟你没关系。就算你是希拉里、居里夫人也一样。不是孩子不愿意让同学看到你，而是他不愿意被同学看到自己这么大了，还跟妈妈手拉手一起逛街，他怕同学笑话他。"

豆同学的初中三年，我都是他们班上家委会的成员，几乎参与了他们班上所有的活动。初一时，他还是很高兴让我参与的，到初二就有点半推半就，到了初三就明确表示妈妈最好不要去了。

记得初二那年的运动会，我高兴地告诉他，老师希望我们几位家委会成员能去现场帮忙，所以我可以跟他一起出门去学校。谁知他面露难色地说："啊？还是不要吧。"

我有点受挫，问他为什么。

他说："路上可能会遇到同学。"

"哦，如果遇到同学我就自己走咯。"我爽快地回答。

结果出门不久果然就遇到了同学，我自觉落在了50米以后。一路上就是他俩在前面走着聊着，我远远地跟在后面，默默地和他俩进了同一个校门。那情景，还蛮有趣的。

还有一位高一学生的家长非常不理解孩子为什么会这样没良心。爷爷奶奶一手带大她，她现在却对一周一次的看望很抗拒，总是赖着不想去，就算去了也不能主动陪爷爷奶奶聊天。这位爸爸说："我跟她妈妈一直很孝顺老人，按说言传身教做得很足啊，为什么会这样呢？"

我问他，你问过孩子吗？为什么不想去？孩子对于去看望爷爷奶奶的感受是什么？在那里有什么让她为难的事情？有什么办法可以解决？除了去看望爷爷奶奶，还有什么办法可以传达对爷爷奶奶的关心和孝顺？

隔了一周以后，这位爸爸很开心地告诉我，他跟女儿解决了这个问题。原来女儿是因为两个原因不太愿意每周去。最主要的原因是高一有9门功课，一到周末作业就特别多，总觉得做不完，爷爷奶奶家又比较远，每次去一个来回，再吃一顿饭，基本上半天就没了。而如果把作业带过去做又怕对爷爷奶奶不礼貌。还有一个原因是爷爷奶奶每次见面就问学习，叮嘱她要这样要那样，车轱辘话来回说，也挺烦的，可是不听又怕老人不高兴。

通过跟女儿的交流，爸爸意识到孩子其实是很孝顺的，只是不知道如何去处理她面对的困难,所以就想逃避。于是一家人一起商量了解决办法。一是跟老人坦率沟通,告知功课紧张的情况,需要把作业带去写。二是主动跟老人聊一些有意思的话题,还可以带平板电脑去,教老人玩微信和简单的游戏。三是由原来每周一次,改成隔周一次去看望老人,其他时间就通过电话来跟老人问好、聊天。

这个问题就此解决,一家人都很开心。

所以,当青春期的孩子表现出让我们不解、疑惑、伤心、失望的行为时,别急着给他们扣帽子,也别自怨自艾。跟他们聊聊,倾听他们的心声,理解他们的需求,你就会知道这些行为背后的原因,从而能够跟他们站在一边去面对问题、找到解决方案。

04
你还爱你的孩子吗

内心的惶惑：你还爱我吗

我有一个侄女，初中时在学校以独立傲娇的女汉子自居，在家里却经常跟妈妈撒娇，动不动就噘着小嘴假装生气地说："哼，我不喜欢你了！"她妈妈通常会笑着回答"那我也不喜欢你了"。这时候她会坚决地说："不行不行，我可以不喜欢你，但你不能不喜欢我！"

这正是青春期孩子与父母的感情距离的写照。

在父母的庇护和影响下，八九岁的孩子就开始追求自主权了。从思想的独立到身体的疏远，从生活中的大事小情要挣脱控制，到学业上的方法和节奏要由自己掌握。"小马驹们"一方面对独立自主的生活充满向往，另一方面又对父母的爱表现出若即若离的矛盾。最常见的表现就是不让接送，不喜欢父母去学校参与自己的活动，不愿意跟父母走在一起，不跟父母有以前那么多亲密举动……

作为父母的我们开始感到失落，感觉自己在孩子心目中的地位降低，感到被疏远和被冷落。有人会不服气，甚至还有人会产生自我怀疑，认为自己不够出色，让孩子觉得跟自己在一起不够有面子。

是的，他们开始在外面要面子了，尤其是对于同龄人的认同十分看重。但是，他们认为有没有面子并不在于我们够不够好，而在于他们自己有多强。

在青春期孩子看来，自己已经长大了，应该独立了，要跟父母保持距离了。如果现在还跟父母太亲近，还那么需要父母，就是小孩子的表现，就不够强，被同学看见会很没面子。所以，他们无论如何都要刻意跟父母保持距离，让自己感觉自己好厉害、好独立。甚至有时候会对我们的爱表现出一副无所谓的样子，同时也不愿意向我们表露爱。

但其实，在他们的内心，他们依然爱我们，也依然需要我们的爱。甚至，他们比以往更需要确定自己被爱和被接纳。因为，随着他们一天一天长大，我们对他们表达的爱越来越少了。

还记得吗？他们小的时候在我们心目中就像天使一样可爱，说出一个"好"字时我们会激动得流泪，迈出第一步时我们会热烈欢呼，不小心摔倒时我们会爱抚和鼓励他们，会摆手、会飞吻、会点头时我们都会激动得奔走相告……那时的我们，多么宽容、多么珍惜、多么有耐心，他们的一举一动我们都是欣赏的，他们的一颦一笑都会让我们爱不够。

可是，不知从何时起，我们开始变得挑剔，要求越来越多，不满越来越甚；慢慢地看不到他们的优点了，只看到他们的各种不是；跟别人家的孩子比，他们的强项我们常常忽略，看弱点却是那么心明眼亮。这种情况，在孩子进入青春期后愈演愈烈。

因为青春期的孩子在自我探索时所表现出来的那些行为，看上去很"叛逆"，而这种"叛逆"其实只是一个"个性化"的过程，是孩子们长大成人之前必须经历的一个重要的自我认知的过程，是一个自然的发育阶段。而我们因为不懂这一点，不知道他们很多表现是正常的，不知道他们在这个阶段里要完成人生中非常重要的任务；我们不但不为他们高兴，反而以为他们翅膀硬了不服管了，脾气大了敢对着干了。所以，当他们的行为引起我们的愤怒、担心和焦虑的时候，我们与孩子之间的很多冲突和矛盾就不可避免了。在硝烟弥漫的时候，爱的表达变得越来越少，取而代之的是批评、指责和否定。

于是孩子们疑惑了，我是你亲生的吗？你真的爱我吗？为什么我听到的都是不耐烦，看到的都是嫌弃，感受到的都是愤怒？你真的还爱我吗？

豆同学有一次在我气急败坏，对他怒目相视的时候，笑着对我说："妈，你至于这么嫌弃我吗？"

我被他这句话点醒，有点尴尬，也笑了："没有啊，你感觉我很嫌弃你吗？"

他："你看我的眼神就像在看一只蟑螂。"

我："啊？真的吗？"

他："是的，充满了嫌弃。"

我才意识到自己不经意间又做了与内心的爱不相符合的行为。好在孩子这些年在与我的互动中受了很多影响，并且已经跑到我前面去了，管理情绪和面对冲突的能力已经有了长足进展，不但不会轻易受我的情绪影响，反而可以影响我了。

他们有自己都没有意识到的渴望：爱我就请抱抱我

在解密青春期养育的课程中，我们每一次都会留作业，让父母回去跟孩子共同完成。有一节的课后作业就是要家长回去对孩子传递爱的信息。要求家长在一周内，每天跟孩子说一次"我爱你"，并且拥抱一次孩子。对此，有些父母觉得这是小菜一碟，有些父母却觉得很为难。

然而在回去做了以后，他们都意外地发现孩子的反应普遍都很正面。家长都感动于孩子的反馈，并且深深感受到孩子内心对爱的表达有多么期待。尽管有时候，他们会装出无动于衷，甚至还有点嫌弃的样子。

一位妈妈，回去完成这个作业以后惊喜地发现，之前几乎已经不愿跟自己说话的儿子，在经过了前两次的不自在之后，逐渐开始享受这种爱的交流。以至于后来，她只要在儿子身边一坐下，儿子就会转过身来，看着她的眼睛，认真听她说话。

在我讲授的正面管教体系里有一个重要理念，就是"先连接情感再纠正行为"。很多建立联结的方法和工具，如"爱的拥抱""共情""感觉好才能做得好""鼓励""特殊时光"等等，都适合用来对青春期孩子表达爱。

一开始有些家长不太理解，他们要的是解决孩子青春期问题的方法，最好是一颗灵丹妙药，给孩子吃下以后立刻见效果。而表达爱这件事看上去似乎跟解决问题毫不相关，甚至与我们传统的"要给孩子一个教训"的做法相违背。"明明是孩子表现不好，为什么还要跟他们表达爱，这不成了鼓励他们继续犯错误吗？"然而，当他们带着疑惑尝试之后，都看到了意想不到的效果。

事实上，只有当孩子感觉到自己被爱、被认可、被信任时，他们才会有归属感和价值感，才能够集中精力探索和锻炼自己的人生技能，让自己做得更好。

其实，我们成年人又何尝不是如此呢？

如何跟青春期孩子表达爱

（1）如果感觉"爱你在心口难开"，可以用书面形式。如电脑屏幕边、钢琴盖下面和文具袋里的小纸条，温馨的短信和微信，深情的书信，等等。这些都是父母积累的智慧，且事实证明效果非常好。

（2）刚开始时，孩子可能会表现得有点别扭，甚至嫌烦；也可能会没有任何反应；还有可能持观望态度。别放弃，继续做。

（3）建立一些习惯性的问候语和祝福语。每天起床后、出门时、睡觉前都可以用来表达。如我家说了十几年的两句话："再见，祝你有愉快的一天。""晚安宝贝，我爱你。"

（4）即使在生气的时候，也尽量不说特别伤害和打击孩子的话。诸如"我怎么生了你这么个孩子！""你到底像谁啊！""你怎么这么讨厌呢！"等等。万一说了，过后一定要道歉，告诉孩子这不是真的，只是自己情绪失控时的口不择言。

（5）父母之间、父母与长辈之间也要有意识地多一些爱的表达，这对孩子既是一种影响也是一种示范。

05
你对孩子有信心吗

2013年,豆同学进入了省一级中学就读初一。而我,为了弥补那些曾错过的孩子成长的时光,成了班上家委会的组织者。

孩子们初一的学习生活相对没有那么紧张。我就想多组织一些家长跟孩子一起的亲子活动。没想到,原来以为没有难度的活动实际组织起来很不容易。因为"牛蛙"们周末和节假日的时间几乎都在各个校外机构上课。想约到一起去活动,哪怕是聚个餐都不易。

好不容易我约了十几个家庭一起活动,跟豆同学商量时,他问我:"都有谁去啊?"

我列举了那些孩子的名字,他垂下眼睛说:"我不想去。"

"为什么呢?"

"没什么,我就是不想去。"

"能跟我说说理由吗?"

"没什么理由。就是不想去嘛。"

我张了张嘴,没说什么,把疑问留在了心里。

这样的情况又发生了一次,我还是没有问出个理由来。

直到第三次,当我报出名单时,他眼神亮了一下,问:"小军和小楚去啊?那我也去。"

"为什么他们去你就去呢?"我好奇地问。

"我跟他们比较聊得来。再说,他们跟我差不多。"

我忽然明白了,之前的名单里通常都是一些学霸,都是一些品学兼优的孩子。豆同学在班上的成绩让他感到跟他们在一起有压力。

于是我说:"儿子啊,在我眼里,你们都差不多,各有各的优秀呢。"

"我不觉得我优秀。"

"不是只有成绩好才优秀吧?"

"那你倒是说说,我有什么好的。"

"我觉得你特别阳光开朗啊。"

"这算什么优秀呢?还有吗?"

我稍稍想了一下,没有很快接上。

豆同学明显很失望,说:"你看,你都说不出来了吧。"

那一瞬间，我意识到自己真的没有好好去想过他有什么长处。在我的内心深处，虽然对他有很多的爱，却同样有很多的挑剔和不满，以致一时半会儿我竟然说不出他更多的优点。

我说："好吧，虽然一时半会儿说不出太多，但是我就是觉得你挺好的。"

他瘪了瘪嘴，没再说什么。我自己也觉得缺乏说服力。

然后，我找了一个安静的房间，坐下来，拿出纸和笔，认真地想他的优点，一条又一条地写下来，很快就写了十几条。

写完之后，我把它放在抽屉里。在接下来的一周里，我观察他，继续发现他的好，然后添在清单上。

有一天晚上，我趁着他比较有空的时候，跟他说："儿子啊，记得你上次跟我说的那个问题吗？我想给你看看这个。"

他满不在乎地接过清单，随意地看了一下，说："那又怎样？"

我认真地说："这说明在我心目中，你就是这么优秀的呀！"

他说："这不能说明什么，因为你是我妈。"

"是你妈怎么了？"

"所以你才会看着我觉得好啊！"

"不会吧，很多妈妈也夸你呢。"

豆同学转过来，认真地看着我说："那你倒是跟我说说，当你跟那些学霸的妈妈们在一起的时候，就一点儿也没有羡慕过他们吗？"

我看着他，诚实地回答："还是会有一点儿羡慕的。"

"那就是咯。"

我突然明白了。孩子们对自己的信心，除了发现自己的优势和能力之外，父母对他们的认可和信心也十分重要。如果我们没有发自内心地认可和信任，就算嘴上如何说，他们也收不到这份力量。

从那以后，每次我跟其他父母在一起的时候，我都觉察一下自己。我羡慕她们吗？是的，还是有些羡慕的。

直到4个月以后的一天，我们十几个家庭在长隆过万圣节。孩子们进去城堡里玩儿，妈妈们坐在外面聊天等待。一位妈妈说起了自己孩子写作业的情景，孩子根本不能专注认真一口气写完，一会儿出来喝个水，一会儿上个厕所，一会儿又聊几句天，一会儿又摸摸这儿摸摸那儿……反正是看着闹心得很。

那一瞬间我突然发现，我不再羡慕她们了！因为这可是他们班排名最前，在年级也是数一数二的孩子啊！他们同样也有这样那样的让家长看不顺眼的事情。孩子们其实本来没有太大区别，是我们做父母的投射了太多，加入了太多自己的判断和情绪，才会给孩子们贴上了很多标签。其实，从平时的观察中我也发现，每个孩子都有自己的特点，而家长就极少有对自己孩子满意的，永远都有这样那样的不如意，因为我们总是习惯性地拿自己孩子的短处去比别人家孩子的长处。

回来后的第二天，我再一次跟豆同学说起这个问题。我跟他说，现在我可以告诉你，我不再羡慕他们了！每个孩子都有自己的强项，也有自己的弱项。有时候换一个角度可能看法就不一样了。我们每个成人也一样,所以我们努力去扬长避短就好了。

豆同学当时并没有太强烈的反应,但我看得出他脸上的表情明显松弛了下来。这让我发现,对孩子有信心,是焦虑的妈妈们很难做到的,却是特别有力量的。

当我们心里对孩子满是担心和忧虑时,即使嘴上说"孩子,我相信你",孩子也是感受不到这份信任的,因为我们内心其实并不相信。只有当我们发自内心地对孩子有信心的时候,这份力量才能被孩子们感受到,他们才能够对自己更有信心。

06

"妈妈牌"红烧肉

记得有一段时间,微信朋友圈里疯传一个催泪视频,说的是留学的孩子打越洋电话求助妈妈如何做番茄炒蛋。结果因为时差,父母半夜接到电话后从床上爬起来,一边做番茄炒蛋一边拍了个示范视频给儿子。最终,孩子在朋友聚会时因为这道菜被称赞。同时,有人问起他来自哪里,孩子才意识到父母是在半夜不睡觉的情况下拍的这个视频。

有意思的是,这个视频刚刚出来时,大家都感动得眼泪哗哗的,一面倒地歌颂父母的伟大。但接着就开始有批评之声出来,后来更多的声音是,这样的教育是否值得反思?是提早教会孩子做一些家常菜,还是半夜起来给孩子拍做菜的视频更值得称道?没有一点生活能力,遇到困难不是上网搜索或者向同伴求助,而是首先打越洋电话求助家里的孩子算不算巨婴？各种相关的问题探讨不一而足。

我们家也从这件事的积极面和消极面分别做了一番探讨。消极面是家长表达爱的方式可以调整，孩子需要更加独立自主，学会关心和体谅父母。积极面就是，孩子与父母的关系非常好，有困难的时候会第一时间想到父母。同时，妈妈做的番茄炒蛋一定是孩子心中特别美好的回忆。

俗话说，要抓住男人的心，最好的办法是先抓住他的胃。在我看来，这句话对所有人都适用，尤其是对孩子。会做菜的妈妈的确是多了一个让孩子感受到家的温暖的渠道。在跟豆同学青春期的各种矛盾中，我做的红烧肉始终能起到一些缓解冲突、联络感情的作用。

其实我的厨艺绝不只是红烧肉，可是每次问豆同学想吃什么的时候，他脱口而出的永远是"红烧肉"。有一次我问他，我做了那么多好吃的，为什么你总是只记得红烧肉呢？他说："我也不知道，反正就是爱吃呗。"

他对红烧肉的确是真爱，无论走到哪里的餐馆，只要里面有这道菜，那就基本都要试一下。而无论吃了多少种红烧肉，"妈妈牌"始终是他的最爱。有时候我会暗暗高兴，觉得能有一道菜让孩子无论走到哪里都会惦着，这不就是家的滋味吗？

有一次，我在朋友圈秀了个晚餐出来，有闺蜜在下面留言说："你让我这个不会做饭的妈妈情何以堪。"我回她以几个"拥抱"说："不怕，你自有你的绝招。"是的，每个妈妈都有自己与孩子联结的特有方式，也有给孩子创建家的氛围的独门秘籍。

所以，提到家每个人会有不同的联想。可能是窗明几净、一尘不染的屋子，可能是妈妈温柔的话语、爸爸爽朗的笑声，可能是清晨妈妈播放的音乐，可能是晚饭后跟父母一起散步时的惬意，可能是院子里的果树、阳台上的花，还可能是睡了多年的床或墙上的挂历……而我们家，在豆同学以后的记忆里，会不会就是厨房里的肉香呢？

有一次，豆同学在大快朵颐的时候说："我是不是得学会做啊，不然以后离开家就吃不着了。"哈哈，这正合我意。我说："好，你上大学之前我会把我的独门秘籍传授给你，以后你在跟同学聚餐的时候，除了番茄炒蛋还会红烧肉，再加个汤，灼个青菜，一顿饭就全乎了。"

第三章

学习篇

01
乖小孩为啥不爱学习了

在我接触到的个案中,有这样一些孩子,他们小学读的是名校,并且成绩很好,得到老师、同学的一致好评,小升初时又以极好的成绩考进重点中学。结果慢慢就开始节节退步,并且开始调皮捣蛋,尤其是到了初二之后,变化更大,与小学时判若两人。小学到初中,由品学兼优的乖小孩变成不爱学习,甚至调皮捣蛋的熊孩子,这中间到底发生了什么?

变化带来的不知所措

小学的功课,对大多数孩子来说,都还可以应付。所谓可以应付就是不用太费劲成绩也不会太差。在这样的情况下,本着不能让孩子闲着和不能比别人落后的原则，很多孩子的业余时间都被安排了各种兴趣班和补习班。所以，小学的孩子要么成绩好，要么有才艺，还有很多孩子既成绩好又多才多艺。这样自信满满地进了中学以后，发现班里人人都成绩不错，个个都会才艺。尤其是进入初二以后，功课量增大，难度也陡然增大，跟不上的孩子开始憷圈儿。成绩不行赶紧想办法跟人比才艺，发现比才艺也很难找到优势，那就运动吧，但这也不是说强就能马上强的。眼见着同学们在各方面一个个脱颖而出，很多孩子就慌了神。如何才能让人关注自己呢？积极的方面没办法，那就消极的方面吧。做不了人人羡慕的学霸和演艺之星，成为调皮捣蛋之王也不错。反正整天有人盯着，哪怕是挨批评，也比谁也注意不到自己要好。

　　曾经有位初二的孩子对我说："老师，我觉得自己一无所长，在这个班里人人都比我强。"这就是很多孩子进入中学以后遭遇的困境。每个孩子都需要被爱、被认可、被接纳，青春期的孩子在这方面的需求更加强烈。在进入青春期后，前额叶皮质开始发育，他们特别关心的问题就是"我是个怎样的人？""我有能力吗？""有人爱我吗？大家喜欢我吗？"离开小学那个熟悉的环境，来到一个陌生的集体，他们迅速开始寻找自己的位置。希望能够找到一席之地，感觉自己是集体中重要的一员，被接纳、被喜欢，并且有能力做贡献。

　　然而与此同时，青春期的各种困惑也纷至沓来。除了要应付功课，他们还要应对许多自己无法控制的身心挑战。例如，身体的发育、激素的分泌、大脑神经元的重组、情绪的剧烈起伏；中学老师与小学老师有不同的教学和互动模式，父母有更高的期待，人际交往出现困惑；对未来开始思考并出现茫然，面对电子产品诱惑的挣扎；性意识的萌动和自主性的苏醒……突然身处在这样一个纷扰的境况，要迅速调整好自己的节奏，进入有序的状态，本来就不是一件容易的事情。这时候更需要家长的关注、引导、鼓励和支持。

孩子会想方设法寻找归属感和价值感

曾经有一位家长跟我说，不知为什么孩子特别愿意忙乎班上的事情，特别愿意给老师打下手，帮着发东西、收东西，搞卫生，整理班级内务，总之就见她乐此不疲，因此耽误好多时间也照样很高兴。家长说："我并不是不支持她为班上做贡献，我只是不理解她为什么这么有干劲、有热情。很多孩子躲着的脏活累活她也抢着干，可是她在家并没有这么爱干活啊！"

我跟这位妈妈说："你试着问一问她，当她在为班级服务的时候，有什么感受？她会如何看待自己，评价自己？这样的感觉在别的时候也会有吗？什么样的情况下会有？如果不这么做她会是什么感觉？她又会如何评价自己？"

大多数家长的困惑其实可以通过倾听孩子得到解答。果然，后来这位妈妈通过跟孩子聊天发现，孩子只有在为班级服务的时候，她才觉得自己是个特别重要的人，是个对班级、对大家有贡献的人。只有在这种时候，她才认为老师和同学们喜欢她，觉得她给大家带来了便利。而且，在这种时候，她觉得自己比同时考进这个班的那位小学同学更优秀。因为那位同学除了成绩好，班里的事情一概不管。

所以，当我们发现孩子变得不爱学习了，就可以观察孩子，倾听孩子，跟孩子一起分析原因，寻找突破口。究竟是他在学习上遇到了困难，自己没有办法解决，还是在其他事情上更容易让他找到自信。

无论是努力学习还是发展才艺，无论是拼命运动还是为大家服务，这都是一些寻求归属感和价值感的积极方式。一般情况下，只有当这些办法行不通的时候，孩子们才会采用一些消极的方式，诸如调皮捣蛋、自暴自弃等。而帮助孩子走出困境，用积极的方式去寻找自我价值，是我们作为父母或者老师应尽的责任。

发育有迟早，偏好各不同

在我接触的孩子中，也有个别的确是发育稍慢，学习能力暂时落后于同龄孩子的。作为孩子可能已经用尽了洪荒之力，却始终落后于别人，他们自己也会很沮丧。甚至，他们有一天会觉得自己的能量已经耗尽，不想再撑下去，干脆放弃学习。

作为家长，我们可以仔细客观地评估孩子的发展状况，对孩子做出合理的预期，并且帮助孩子去发现和挖掘其长处所在，找到突破点，帮助孩子建立其他方面的自信。同时给予孩子更大的耐心和空间，鼓励他们取得点滴进步，允许他们按照自己的节奏来成长。

也有一些孩子，没有任何发育问题，甚至智力超常，可就是不擅长也不热爱学习。有一位初三的孩子，长得好看，充满活力，头脑灵活，人际交往能力强，在班上特别受欢迎。动手能力也强，经常帮老师解决小问题，甚至他已经可以在网上通过自己的设计赚零花钱了。唯一的缺点就是不爱学习，成绩不好。在他妈妈眼里，如果不看成绩，他几乎是人见人爱，花见花开。可是他妈妈困惑的是，一个在校学生，怎么可能不看成绩呢？

我无数次地想象过，如果我的孩子是这样的，我会怎样呢？

我想，以前的我会焦虑，但现在不会了。因为如果他有这么多的能力，他将来一定是能够创造出一份属于自己的美好生活，那我们还有什么可担心的呢。因为他只是不喜欢用现行的方式进行学习，以他目前表现出来的能力和行动力，将来他一定能找到自己喜欢的学习方式让自己不断进步。

每个孩子天生不一样。我们只要能发现他的闪光点，或者帮助孩子发掘出他自己的闪光点，就能帮助孩子建立起这一方面的自信。而自信，是孩子拥有成功人生的第一步。

02
作业啊作业

父母不看作业时温馨美满

记得在孩子读小学三年级时,一天有一位豆爸的同事问我们,你们打骂过孩子吗?我们说没有啊。豆爸还补充了一句:"这么小的孩子,哪里有什么需要打骂的呢?"那位同事觉得很惊异:"那他干了坏事的时候呢?"我们异口同声地说:"他不会干坏事的呀!"

现在想来,当时我们之所以维持着不打不骂的纪录,一是因为还没到时候,二是因为我们一直以不想给孩子压力为名而对孩子的期待并不太高,三是因为当时我们都忙于工作,真正跟孩子相处、陪伴孩子的时间并不够多,也很少陪着写作业。

豆同学上小学的前两年，正是我事业上疯狂忙碌的时候。他日常的生活管理，上学的接送，作业的完成，全部由当时的保姆姐姐帮忙。而我这个母亲，经常加班到很晚才回到家，能赶上陪他睡觉就算好的，还隔三差五地出差，甚至有时候一走就是半个月。豆爸也同样很忙，经常是深夜才到家。所以他的作业，我们俩都没管过，既没有时间也没有意识去帮他建立起良好的学习习惯。

直到他上三年级，我换了一个岗位之后，工作相对轻松了一些，晚上能早一些回到家，出差也少了。即使那时候，我也并没有发现孩子的作业有什么问题。毕竟那时作业量少难度小，完成并不困难。

等到孩子上四年级，在我们家做了五年的保姆姐姐走了以后，我才开始全面接手孩子的一切事务，这时候作业仍然没有成为大问题。因为孩子基本没有上多少课外课，而且学校的作业量还是有限的。孩子也的确是个比较自觉的孩子，虽然成绩不是特别拔尖，但各方面都很好，除了脾气急躁一些、自信有些不够之外，基本很少惹人生气。虽然我们偶尔也有一些大声说话的时候，但总体气氛还是温馨的。

从此日子不太平

上初中后，不太平的日子就开始了。功课量陡然增大，豆同学原来那种优哉游哉的写作业风格开始应付不了了，晚上就寝的时间越来越晚，心情越来越糟。在重点中学的重点班里，他的学习成绩本来就没有优势，加上作业上的疲于应付，使他对作业越来越反感。

也就是从那时候开始,我们为作业这件事情无数次地展开讨论,无数次地伤脑筋。

中考失利,孩子很久都没有恢复过来。那年暑假,他下定决心,高中不再欠任何作业,他希望能够通过这一点的改变给自己的学业带来改变。然而,这美好的愿望失败了。因为我们都没有想到,高一这一年的学习竟然比初三更累,压力更大。

每天看到他为作业奋斗到半夜,我真是又心疼又着急又焦虑。如果催他睡觉,就要面对他交不上作业的后果,这是我和他都不愿意面对的。可是任他做到半夜,又担心他的身体。他自己也是多方尝试,希望改变这样的状况。试过早点睡,一早再起来写,试过一直拼到凌晨一两点,也试过放弃一部分,还试过完全放弃。我的心啊,就随着他的各种尝试上上下下,那真是无比纠结的一年。

我为此十分困惑,向在重点中学担任班主班老师的学员求援,请教有什么办法可以解决这个问题。答案是没有解决方案。那位学员老师说高一就是整个高中生涯里最辛苦的一年,作业量除了少数从小就有很高效的学习方法,并且多年来一直刷题训练惯了的学霸之外,大部分学生都是完成不了的。

我很惊异地问:"完成不了的意思是什么?"

"就是老师也没指望孩子能全部完成,但还是会照样布置那么多。因为考虑到孩子会打折,所以宁可布置多一点,打完折之后也总能完成一部分。"

我听了之后真是很无语。

平心而论，孩子并没有全力以赴。所谓全力以赴就是，孩子放学回来以后一刻都不耽误，除了吃饭之外抓紧每分每秒地写，其实是可以在 12 点左右完成的。可是，人不是机器，更何况是孩子。学了一天，回到家想休息一下是完全可以理解的，但这饭前饭后的两三个小时的休息又直接影响到睡觉时间。于是，我们就每天为这吃饭前后的时间发生冲突。一方面作为父母，我们很希望他前紧后松，保障基本睡眠时间，不影响身体健康；另一方面豆同学拼命捍卫自己休息的权利，非得休息到感觉好了才开始写作业。

这中间的催促与拖拉，唠叨与不理睬，着急与反抗，心疼与绝望……就是无数个中学生家庭里每晚上演的戏码吧。

有时候我想，我们的孩子真可怜。在这样如花的年龄里，每天困在这些无趣的作业当中，并因此要承受父母的各种责难和唠叨，要为一些可能一辈子都用不上的知识搭上健康和快乐，甚至搭上家庭的温暖和父母的疼爱。而这一切都指向那条独木桥——若干年后的高考。

可是换个角度来想，在这样的体制下，这样的大环境下，我们也只能尽最大努力去为自己争取以后的选择权，用现在的不自由去换取以后的自由，用现在的咬紧牙关、努力奋斗去换取日后更好的平台、更多的资源和机会。

虽然说人生的路不止一条，虽然社会上有很多没有读大学的人一样很成功的榜样，可是，作为家长，谁不期待能够把孩子送到一条更容易走的路上去呢？谁又真的愿意让孩子去走一条少有人走的路呢？

作业的背后——我们的期待

其实,作业问题后面隐藏的是我们对孩子的期待。在我之前与孩子的辩论中,我的两个基本观点是:

(1) 完成作业是学生的基本职责。作为学生就必须遵守学校的要求完成作业。这是以后走上社会要具备的基本能力,在哪里就要遵守哪里的规则。

(2) 完成作业是在帮助自己复习当天学习的功课。如果不写作业,学习的知识就得不到巩固,知识掌握就不牢固。

这其实是两条最冠冕堂皇的理由。

它们一定对吗?听起来是没毛病,可是,往深处想一想,恐怕还有很多理由让我们对孩子的作业这么紧张。

首先是要应对学校和老师的质询。小时候被老师追作业,现在一把年纪了还要因为孩子的作业被老师追?别的孩子都能完成了,怎么就我家孩子完不成?没面子!然后是对孩子写作业状态的不满。三催五请才肯开始,一会儿喝个水,一会儿上个厕所,一会儿扯上几句,根本就是不抓紧嘛!再是对未来的担忧。

而这些理由都是基于以下这些我们自己都没有意识到的绝对公式。

(1) 不好好写作业 = 知识掌握不好 = 考试成绩不好 = 将来考不上大学 = 人生不幸福

(2）写作业态度不好＝做事情不认真不专心＝将来会一事无成＝人生不幸福

(3）老是不交作业＝老师会不喜欢＝老师关注得少＝考大学更困难＝人生不幸福

(4）老是这么晚睡觉＝以后身体会不好＝会落下很多毛病＝人生不幸福

而如果孩子日后人生不幸福，会让我们很沮丧，觉得自己很失败。因为作为他们的父母，我们没有在他们小的时候、不懂事的时候教好他们，为他们未来的人生幸福打下好的基础。

这个逻辑看起来没毛病，可是大家发现没，转了一圈，这个问题又回到了我们自己身上。如果孩子过得不好，就证明了我们教得不好，就证明了我们自己不够好。所以，为了证明自己够好，我们使出洪荒之力也要管好孩子的作业。这样一来，本来是孩子的事情，又变成了我们的事情。

孩子小的时候，这样做可能没问题。因为孩子的自主意识还没有那么强，还容易倾听我们的理由，也会听命于我们的指挥。可是，当孩子进入青春期以后，问题就来了。

作业的背后——孩子的需求

首先，他们会问，凭什么？

为什么一回到家就要写作业？我累了，要歇一会儿！

为什么我不能一边听音乐一边写作业？我这样才更能集中！

为什么我不能选择完成一部分留一部分？我要是全部时间都用来写作业，别的就什么也干不了了！

为什么写作业就不能顺便聊聊天呢？我一天到晚也见不到你们，就这会儿想跟你们说会儿话都不行吗？

为什么你们眼里只有作业，见面只问作业？难道我只有写完作业才有资格做你们的孩子吗？

为什么我写个作业你也那么多要求？我也想集中精神，可我就是做不到啊！

为什么明明是我的作业，你们偏偏要管那么多！

然后，他们会用各种方式来反抗我们的干涉。漏带或者不带某一些作业，磨蹭，不写，争执，顶嘴，发脾气，哭泣……

反正父母有多担心、多干涉，孩子就有多别扭、多反抗。网络上疯传的陪孩子写作业引发心梗之类的鸡飞狗跳的桥段都是小意思，对于有青春期孩子的家庭来说，更多的反目成仇，互不理睬，或者是大打出手，甚至拔刀相见。

其实，不就是个作业嘛。我们当初在怀他们的时候，想到过有一天自己会因为作业而对他们恶语相向吗？我们把那个小小的柔软的小东西捧在怀里的时候，想到过有一天彼此会因为作业而伤心难过，互相失望吗？

写到这里的我，觉得从来没有像今天这样清楚地看清这个问题。不知道读到这里的你，有没有想到可以尝试放手了呢？也许我们传统的教育会让你觉得，我宁可他恨我，也不能由他这样毁了自己，我相信他以后会感谢我的。

我只想问，他没有按照你的方式，你的要求完成作业，就一定会毁了自己吗？我只想说，别傻了，没有什么事情比让孩子心怀恨意更残忍。如果没有其他爱意的传递作为基础，孩子将来也不会单纯因为你现在强行管他的作业而感谢你。相反，他会因为你关注到他在作业上的困难而感谢你，他会因为你倾听他的心声、了解他的感受而感谢你。

我们家长能做什么

如果条件允许，多陪陪孩子，尤其是在孩子刚刚开始上学写作业时，多一些关注。作为父母，我们该付出的时间和精力始终躲不过，如果在孩子小的时候多付出一些，后面就会省事多了。

在孩子刚刚开始写作业的时候，我们可以做的事情有很多。例如：

（1）帮助他们学习如何规划写作业的进度，需要化整为零，小步前进。

（2）帮助他们学习时间管理技巧，例如合理安排、前紧后松、劳逸结合等。

（3）帮助他们养成做前认真读题、做的过程中专注、做完之后检查等学习习惯。

（4）协助他们一起摸索出最适合自己的学习方法。

（5）在他们遇到难题时从旁指导和鼓励。

（6）在按老师要求协助孩子完成听写、默写、背诵这类作业时多关注孩子做的好的一面，用欣赏和指导代替挑剔、挖苦和责罚。

总之，通过这些陪伴的方式，能够培养孩子独立学习的能力，解决困难的技巧以及完成任务的习惯，也能让孩子在以后面对越来越多的作业时更有信心和能力去完成。

如果这些都没有做到，那么在孩子青春期时我们能做的就很有限了。因为这时候的孩子已经不喜欢听从我们的建议，他们更愿意尝试自己的方法，哪怕是撞到南墙，也是不撞痛不回头。况且，这个时候孩子的作业难度已经不是一般的家长可以帮得了的了。这时候我们能做的看起来跟作业并没有太大关系，但是仍然会起到很大的作用。

（1）经常表达爱和支持，始终与孩子保持良好的关系。

（2）在孩子需要的时候及时响应，提供协助。如找家教、甄选课外辅导机构等。

（3）在孩子谈论作业时，发牢骚时，尽量闭上嘴，少说多听。

（4）在孩子遇到作业困境而烦恼急躁甚至崩溃时，接纳孩子的情绪，并相信孩子有处理情绪的能力。

（5）拥抱、抚背等安抚性的动作，端茶、送水、送水果等表达关心的行动，能够让孩子感觉到支持。

（6）在孩子愿意的时候提供建议，但不要期待孩子一定接受。

（7）在孩子因坚持己见而遇到挫折时，不要幸灾乐祸，也不要企图证明他的方法是错的，因为他已经知道了。

（8）在孩子取得任何进展和进步时，要及时鼓励，不要急着归功于自己的英明指导。

总之，孩子越大，我们能够提供的实际帮助越少，更多的是精神上的支持。放下我们自己认为的唯一正确的标准，允许孩子去尝试。在良好的关系中，孩子才更愿意听我们的建议，在被认可的基础上，他们才更愿意向我们寻求帮助。

03
不上学是孩子不得已的选择（一）

对于大多数孩子来说，上学是天经地义的。小学一年级是兴高采烈的，我上学了！初中一年级是喜不自禁的，我是中学生了！高中一年级还是很兴奋的，我上高中了！然而，在被这几个一年级的兴奋感隔开的12年求学历程中，不仅有许多欢乐时光，还可能有许多痛苦时刻。只是，大部分孩子但凡能够坚持，都不会轻言放弃。因为，校园的学习生活是他们人生中极其重要的组成部分，对于青春期的孩子，从某种程度上来说，甚至是比家庭生活更重要的一部分。

正如我们常跟孩子们所说，学生的天职就是上学，不然你还想干什么？而且，在社会上打拼的我们，觉得上学的时候才是最无忧无虑的，是最值得怀念的，是没有什么真正痛苦的事情的时光。其实孩子们也是喜欢学校的，除非他们遇到了自己难以解决的问题。

学校生活并不都是如诗如画

豆同学的初中生活整体是欢乐的,用他现在的话来说,就是傻乎乎的。之所以这样说,一方面是因为年轻人总是以评判的眼光来看待过去的自己,另一方面也的确是因为初中生活虽然也有很多的困惑和烦恼,但整体来说,还是比较有声有色的。

那时候,无论是他摆着一个"全天下我最帅"的动作出现在门口也好,还是一头一脸的汗,人还没进门,声音就进门了也好,还是在饭桌上兴致勃勃地谈论着学校发生的事也好,还是做家务时激情澎湃地哼着歌也好,甚至做功课时嘴巴和手脚都停不下来也好……为他开门,就像迎接一个快乐天使。那种浑身上下洋溢着的朝气,那种少年郎自带的激情,总是能够让我深受感染。有时候嗔怪他太闹腾,他会笑着认真地跟我说:"妈妈,等我以后长大了,你想要我这么闹腾可能都没有了。"

真是被他说中了。自从上高中以后,豆同学的笑容越来越少。除了有可能一部分是刻意扮成熟、耍酷之外,更多的是各方面的压力越来越大,尤其是来自学校的压力。打开门见到的他通常就是一句平静的"我回来了"。即使吃饭的时候聊天,那种眉飞色舞的感觉也少了。我不止一次地问过他为什么老是一副不高兴的样子呢,他通常淡淡地回一句:"有什么值得高兴的事情吗?"

我便语塞了。

想一想,像他这样一位普普通通的高中生,每天早上六点左右被闹钟叫醒，揉着惺忪的眼，胡乱地塞几口早餐，就赶去学校上早自习。一整天的课直到下午五点半。一个小时的晚餐时间之后，开始晚自习，直到九点多甚至十点才能回到家。稍事休息，上个厕所，去跑个步，回来冲个凉后，就已经是十一点半左右了。如果再稍微看一下书或者完成没有写完的作业，就十二点以后了。第二天，周而复始。这样的生活，除非是一个特别热爱学习，特别自律的孩子，否则，对于大部分人来说，的确说不上有吸引力。

初中的时候，学校通常还有各种各样的社团和运动会、艺术节之类的活动，但是在大部分学校里，社团活动几乎都止步于高二，最久的也就是坚持到高二第二学期。然后，整个学校生活的重心，就偏向了高考。这样的日子，对于一个热爱课外阅读，喜欢历史和政治，却连看课外书都要靠挤时间的孩子来说，的确很无趣。

也许有些孩子天资更好一些，比别人效率更高一些，也许还有些孩子从小就锻炼了高效的生活节奏，他们可能还会有些时间用来坚持自己的爱好，用以调剂繁重的学习生活。但我所了解的大多数孩子，到高二基本都放弃了之前的爱好和特长，或主动或被动地全力投入只有学习的生活中。正如老师们主张的一样，放学以后的时间要抓紧写作业，中午的时间要用来写作业，课间的时间也要利用起来。

在学校度过了如此的一天，孩子们回到家里最需要的就是清静和休息。这个时候，如果家庭能够提供一个稍微宽松的气氛，让他们回到家里能够感受到爱和温暖，安全和关切，这样就给了他们一个休憩和休整的港湾。他们能够在这个港湾里放松下来，好好休息，整理好自己的心情和身体，第二天再开始新一轮的拼搏。

有一位初二的女生跟我说，在学校已经很累了，要应付那么多的人际关系，要应付老师的要求，要应付自己的自卑和嫉妒，要应付别人的喜欢和挑拨……总之每天回到家就觉得长舒一口气，希望一个人安安静静地待着，看一会电视，听一听音乐，或者躺一会儿。可是家里人好像看不得她闲一会儿，跟催命似的追着她做功课，感觉他们关心作业比关心她多多了。

从这儿我们可以看到，青春期孩子需要的，更多是我们提供空间，让他们自我梳理，自我修复，而不是按照我们的想法去打乱他们自己的节奏。所以，很多时候，我们不做什么比做什么更重要。

少年初识愁滋味

有的时候，也许情况并没有这么糟。尽管学校、家长共同碎碎念，青春期的孩子仍然会逃过一道一道封锁线，想方设法去体验自己该体验的宝贵人生，让自己的青春多一些内容。例如对于人际交往的尝试，对于自己各种能力的探索以及因此产生的焦虑、担忧和失望，对于认可的渴望，对于社会的观察，对于人性的解读，对于自己作为一个人生于世上的意义的思考，都容易让孩子们陷入孤独和低落当中。

有时候，有意无意地，他们在体验孤独。正所谓"少年不识愁滋味，为赋新词强说愁"。有时候他们觉得既然自己已经是大人了，就必须有点大人的样子，要沉稳、要持重，不能整天嘻嘻哈哈，不能那么喜怒形于色。可是有时候，他们真真切切感受到成长的烦恼，少许的失败和挫折就会引发他们很多的感慨。虽然最不喜欢父母嘴里那个"别人家的孩子"，然而自己不知不觉中就在不断地跟别人做比较。为什么别人可以学得这么轻松，自己就这么费劲？为什么别人会这会那，自己却一无所长？为什么别人你侬我侬，谈恋爱都谈了好几个了，自己内心守着那个人，默默喜欢了好几年也不敢表白？就连交个朋友也不容易，对于主动接近的人，心里有着莫名其妙的抵触，可是满腹的心事又觉得无人可倾诉……孤独啊，痛苦啊，人活着究竟为什么呢？这是很多高中生内心的独白。

很多时候我们不能理解，现在孩子们学习和生活的条件这么好，还有什么可愁的，想当初我们……可是，翻开我自己的日记本，当年的那个青春期少女，一样彷徨无助、孤独茫然，一样怀疑自己，一样思考人生。只是，那时候的我们没有现在的孩子这么独立，这么敢于表达自己，这么勇于对无法承受的状况说不。同时，我们那个时代也比现在更闭塞，我们并没有更多不上学同样成功的榜样作为参考。所以，无论如何，在一般的家庭里，不上学几乎从来没有成为过我们主动选择的一条路。

而现在不同了。在这样一个信息高度发达的时代，对于眼前的困难、不开心的生活、难以挨过的难关，不仅是孩子，成人的首选也不再是死扛，而是想着变通甚至逃避。因为现在各方面条件都具备了，让他们可以逃避，可以耍赖，可以变通，可以想其他办法。而不去上学，通常是最后的选择。

04
不上学是孩子不得已的选择（二）

不上学的背后可能有多种原因

孩子们是需要集体的，尤其是青春期的孩子，特别需要与同龄人在一起。所以不是万不得已，他们都不会不上学。如果有一天他们真的不去上学了，这背后的原因可能有很多种。

如果孩子缺乏独立解决问题的能力，或者不知道可以向哪里寻求帮助时，一些我们看起来不是那么紧要的问题，都会成为他们的拦路虎。比如，当他们在学校跟同学发生了矛盾觉得无法面对时，当他们面临没有准备好的考试时，当他们不喜欢某位老师或者不被某位老师喜欢时，当他们学习跟不上时，当他们在班上被冷落甚至被孤立时，当他们没有完成作业怕被批评时，当他们感受不到自己在学校的存在感时，当他们遇到校园霸凌不知如何是好时……

他们可能想到的方式就是逃避，不去上学。

当然，学校并不是唯一的理由。有的时候，孩子不去上学并不一定是因为在学校遇到了问题，而是在家里遇到了问题。例如，父母间永无宁日的争吵，至亲离世，家里的重要成员突然离开，家里添了新的成员导致自己被忽略，其他关系的极度不和谐……孩子会错误地以为，当自己不去上学时才能够吸引到大家的关注，当大家联合起来应对他自己的问题时，才可以中止家里的矛盾，让父母和好，让亲人回归。

还有些时候，孩子不去上学不会通过语言来表达，他们会通过身体反应来达到不上学的目的。这种情况通常是因为孩子在家里没有表达的机会，或者表达之后总是给自己带来不好的结果。那么孩子就会通过生病来表达需求，而当一次两次偶然成功之后，就可能形成一种习惯性的模式，每次对于上学有害怕或者抵触的时候，就出现头疼、腹痛、拉肚子等症状，并且是真的很厉害。这种心理上的问题反映在身体上，在心理学里叫作"心理问题的躯体反应"或者"心生疾病"。

个体心理学家阿德勒认为，每个人的行为都是有目的的。很多人生病是潜意识里为了达到某种目的或者为了逃避某种事情。这种目的他们自己或许并不清楚，只是一种潜意识的行为。

在我的学员中有一位父亲，谈到自己小时候，父亲十分暴躁，母亲很温和。每次自己犯了错误时父亲就会暴跳如雷，轻则怒骂，重则打罚。有一次，在父亲怒骂之余操起一根棍子要开打时，他突然晕倒在地。父母当场吓得不轻，立刻救治。醒过来以后自然不提之前的事。从此他每次挨骂时都会晕倒，这不是装的，而是实实在在的不省人事。借着这样一种他自己都不懂的防御机制，他逃过了很多的打骂。而他性格刚强的姐姐，就一直在跟父亲的顽强斗争中茁壮成长。

家长可以怎么办

首先，孩子说不想上学与孩子真的不去上学，这中间很可能还有很长的时间，这也正是我们家长去深入了解情况，提供帮助的机会。当孩子说不想上学的时候，不要惊慌，先稳定一下自己的情绪，倾听孩子的感受，看看孩子是真的不想去，还是只是抱怨一下而已。

因为有很多时候，孩子只是需要发泄一下情绪。当他感到劳累、辛苦、烦躁、生气时，有人听到他的表达，有人接住了这个情绪，并且不带评判和说教地接纳下来，孩子就感觉到了被理解。胸口那股闷气出来了，就能够打起精神重新去面对困难。所以，这种情况下，如果我们能够平静面对，耐心倾听，温和地给予理解和支持，孩子就能很快恢复。

还有一种情况，当发现孩子是真的不想去时，更不能急。问问孩子最近是否遇到了什么困难，孩子越是不肯说，我们越是需要耐心。如果孩子坚决地表示不去了，这时候强硬的态度或做法也许能起一时的作用，但并不能真正解决问题。而且，如果我们不了解背后的原因，很可能会错过沟通和疏导的时机，甚至导致不可挽回的结果。

以下几种临时处理方式可供参考：

（1）可以先与孩子达成一致，相约先去上学，承诺孩子回来以后慢慢沟通解决。

（2）暂时先不去上学，现场做一次深入的沟通，了解不上学这件事情背后到底是什么在作祟，再跟孩子一起面对和解决。

（3）根据孩子的情况，考虑真的让孩子先缓几天不去，再在这几天里观察和寻找时机，与孩子一起沟通和解决。

（4）每个孩子都不同，每家的父母与孩子的沟通模式不同，父母对孩子的期待也不一样，因此没有标准做法。但有一条是通用的，就是充分地倾听和理解，与孩子站在一边，态度要温和而坚定，目的是帮助孩子克服困难，解决他无法独立面对的问题。而不是站在孩子的对立面，以把孩子弄进学校为唯一目的。

如果父母与孩子的关系已经不能顺利沟通，这时候可以求助对孩子有一定影响力的人，或者是专业的心理工作者，借助他们的力量帮孩子找到症结所在，打开心结。

临时处理完，只是第一步。就算孩子同意去学校，也只是暂时解决了危机。后面的步骤才是更重要的。这就是要从一个点出发，解决根源上的问题。父母只有通过与孩子或者老师的沟通，才有可能发现问题根源所在，知道自己下一步该如何去做。该参加父母课程的学习，通过改善沟通模式来改善关系也好；该帮助孩子在学习上下功夫，寻找突破点也好；该寻求外援也好；该与学校沟通配合，请老师和同学们参与到其中来也好……都要根据孩子实际情况，花时间和精力去解决背后的症结，才能够真正避免这种情况再次发生。冰冻三尺非一日之寒，一个问题的出现是酝酿已久的，解决就需要同样甚至更长的时间，我们不能指望一蹴而就。

写到这里，我突然意识到，我的孩子在以前的兴趣班学习过程中，经常出现不想去的情况，其实是同样的道理。因为他很清楚学校的学习对自己的重要性，更重要的是，一直以来，他在学校还是有归属感的。所以，他只在小学二年级一次小长假结束时提过一次："好不想去上学啊！"我当时的回应是："嗯，如果实在不想去，我们可以不去的。"

他则回答："那怎么行呢，学还是要上的呀。如果一直都不上学，一直都在家玩儿，那在家的时间就没那么好玩了。就像弹簧一样，紧的时候，放松一下才有意思，如果一直是松的，就没那么好玩儿了。"当时的我，非常惊异7岁的他能够说出如此有哲理的话。

十一年来，再难再不开心的时候，他都只是偶尔开开玩笑，或者盼着台风红色预警可以名正言顺地不去上学。而对于课外兴趣班，他就经常提出不想去。而那时的我，还没有学习到该如何应对，只是一味地尊重他当时提出的要求，并没有去分辨这个要求的真实性，更没有深入了解原因，去跟孩子站在一边去想办法解决困难，只是单纯地选择了放弃。这其实带来了一些隐患，在后文中会谈到。

05
补习班，上还是不上

豆同学从小就不愿意上兴趣班。而那时的我，信奉的是"爱与自由"，但又并没有真正理解它的内涵，更加没有不断去尝试、体验、调整、改进。而是一下子跑到了一个极端，坚信孩子在我爱的包围中自由生长，就能够长成他自己喜欢的样子。

他从小就喜欢阅读，我就让他尽情地阅读，有时间我们就尽量多去亲近大自然。于是，他就这么逍遥地度过了小学的大部分时光。在这些年里，他阅读了大量的书籍，并且明显发展出对历史的偏好。

直到小学五年级第二学期的某一天，他回到家说："妈妈，看来我得去上个补习班了。"

"哦？发生了什么？"

他有点忧心忡忡的样子："我们老师今天给我们'洗脑'了，他画了个图，意思就是考不上好初中这辈子就完了。"

我说：“哦，那你怎么看呢？”

他说：“呃，我也被说得有点怕了，毕竟大家都去补课了，暑假我也去吧！”

于是我们开始了临阵磨枪似的补习。上初中以后，他又不想去了，继续逍遥。有一天他回到家，说自己的同桌感叹自己的整个童年都淹没在补习班里时，语气中有稍许的庆幸。

可是有一次，他有点沮丧地说：“我们班每个人好像都会很多东西，我怎么觉得我自己什么都不会啊！”

我说：“你会弹钢琴啊！”

他说：“这算什么，我们班可能有一半以上的人都会弹钢琴。”

初二的某一天，他突然感叹自己因为成绩不够好而不够自信。我有些意外，对他说：“其实不是一定要成绩好才够优秀啊，你有很多好的方面啊。”

他严肃而无奈地对我说：“唉，你是不会懂的啦。在这样的学校，这样的班级里，成绩不够好的感觉是怎样的。反正一考试，名次一出来，就自然有压力，那个感觉你不会理解的。”

我张了张嘴，没有再说话。那是我第一次认识到，当我们自以为豁达地跟孩子说，没关系，学习成绩不好并不代表全部，你有你自己的优势时，这不过是我们一厢情愿。这样的话听起来很好，其实并不能安慰和鼓励到青春期孩子，相反，他们只会感到不被理解。那一瞬间，有一丝后悔悄悄划过，也许，我应该在他小时候劝说他多上一些补习课？

旋即我又否定了这个想法。因为，以豆同学的性格，与我和他爸爸一直以来对他独立想法的保护，估计那时也是强迫不来的。但是，也许我们那时应该多做一些，比如可以用别的方式去激发他的兴趣，让他对某些科目更感兴趣，愿意更多地去探索和了解。也就是说，我们也许是可以激发他自己去上补习班的愿望的。

说到底，是我们做父母的偷了懒，但我始终相信，"失之东隅，收之桑榆"。我们虽然错失了一些上补习班的机会，但节约出来的时间用在了大量的阅读和户外活动上。我想，这些付出的时间也终究不会白费。所以，如果孩子主动提出上补习班，立马表示"好啊，去上"。

如果孩子只是表达对自己成绩的不满，我们可以默默倾听，共情。这个时候最没用的那句话是"既然这样，你就要努力啊！就少看点手机多看点书啊！"这只会让他们陷入更深的沮丧。所以，想不好怎么说的时候，不如闭嘴，姑且先做一个听众吧。等到他情绪平静的时候，再一起来讨论一下，既然对于现状不满意，那我们可以做些什么，来让自己感觉好一些。比如说，要不要上补习班。

其实，上不上补习班，并不是一个非此即彼的选择，而是要跟孩子站在一边，跟他一起探讨如何安排自己的学习。比如说，目前哪些科目自己比较满意？哪些科目自己觉得要下些功夫？如何下功夫？需要爸爸妈妈怎样的协助？需不需要去上补习班或者请家教？如果这样做的话，如何安排时间去上课和做多出来的作业？是自己看书复习刷题，还是向同学、老师私下请教？……这样的过程是在帮助孩子学习管理自己的学业，学习如何做选择，如何合理安排自己的时间。

至于补习班，无论结果是去还是不去，都应该是孩子和家长一起经过深思熟虑的选择。

06
校外课孩子突然不想去，怎么解

初三的时候，有一次周五，豆同学放学回到家，跟我说，今晚的英语课有点不想去了。我心里一怔，发生了什么事呢？我没有马上回应。

他接着又说了一句："我晚上有点不想去了。"

我："哦，能跟我说说原因吗？"

豆同学："我觉得好累啊，今天。"

我："哦，你是很累了是吗？有没有哪里特别不舒服？"

豆同学："也没有哪里特别不舒服，就是觉得累，不想动了。"

我想了一下，觉得孩子上了一天课，晚上还要去上课的确很累，可是没有提前请假就不去对老师不尊重。所以，我希望他自己感觉一下自己的状态，如果觉得能够坚持，就最好去，如果实在觉得非常辛苦，我们就来考虑如何跟老师请假。当时，我虽然很希望他坚持去，但内心对他是心疼的，也可以接纳他不去。

豆同学纠结了一下，说："那我还是去吧。以后我要是不想去就早点请假。"

我松了一口气，同时庆幸自己没有劈头盖脸先说他一顿，给他扣上诸如不遵守约定、不提前请假、不坚持等大帽子。

大部分的孩子对自己学校的课看得很重，不会轻易说不去，但对于课外的补习班、兴趣班，就会偶尔找找理由逃逃课。这些理由是不是可以接受，完全看父母自己的标准。

但对于青春期孩子来说，我的建议是父母不要太较真。不要如临大敌一样紧张，更不要一听到孩子说不想去上课就开始批评指责，说他们偷懒、说谎、没有毅力、说话不算数。其实很多时候他们就是抱怨一下、试探一下。如果你觉得他们的理由可以接受就接受，如果不能，就温和而坚定地拒绝。如果你两样都可以，就把决定权交给孩子，相信他们会慎重使用这个权利的。

总之，如果父母懂得如何倾听、共情，那就接住孩子的情绪；如果不会，至少要少说话、少扣帽子，避免情绪激化。因为这时候孩子的情绪状态往往不太好，小愿望没有实现本来就很沮丧了，如果我们再批评一通，只会让他们的情绪更激烈。

很多家长问我，孩子有时候明明说的是一些错的话，也不要纠正他吗？

我问，什么叫错的话呢？

比如说，我不想上学了！我们那个某某老师太讨厌了！等着瞧，我饶不了他！

我问，这些话错在哪里呢？

家长会说，这样很让人担心啊，怎么能不上学呢？我觉得要教会他上学是很重要的啊，要懂礼貌和与人为善啊！

我就问，你们自己从来没有说过气话吗？任何过激的话都没有说过吗？在心里也没有说过吗？

其实有时候孩子说一些话，只是一种情绪的宣泄，并不代表他真的要这样做，我们不必反应过激。站在他的角度，共情他的感受，倾听他的想法，帮他一起想办法面对。当他感觉到被接纳、被理解时，就会从情绪中恢复，重新获得力量，发现自己刚才的那些话也就是说说而已。相反，假如我们反应过激，小题大做，可能会酝酿出一场战争，或者让孩子没有了台阶可下，只好为了对抗而真不去了。

我们有的是机会教育孩子懂礼貌，学习与人为善，认识到受教育的重要性，不需要在孩子情绪激烈的这一刻来进行。自己的言传身教，家里的良好氛围，自然会带给孩子良好的影响。

第四章

社 交 篇

01
妈妈，你可以回去了

小学毕业以后的一天，豆同学和他的同学们约着去看电影。有一位妈妈不太放心，帮他们在网上买好了票，然后大家相约把孩子们送过去。到了楼下，看到另一位妈妈，我热情地跟她打招呼，想着我们就一起去看电影，顺便为孩子们服务一下。正准备迎上去时，儿子扯一扯我的衣角说："妈，你可以回去了。"啊？我意外地愣住了。其实我本来也就是打算送他过去后自己去逛街的，看到这位妈妈才临时起意一起去看电影，谁知算盘还没打好就被叫停了。一时间，我竟有点恼。

有一位妈妈，跟我有类似的经历。她的孩子14岁生日时，想邀请同学们一起过。妈妈不仅热情支持，还帮她联络家长约孩子。到了那一天,妈妈特意把家里布置得很温馨很喜庆,亲手做好沙拉和蛋糕,爸爸帮忙买好食物、配好饮料。然后,孩子们陆续到来。孩子说:"妈妈,你跟爸爸可以出去逛逛吗?"妈妈惊得说不出话,在后来跟我说的时候,还忍不住红了眼睛。

她说:"这孩子一直是很乖很孝顺的,我真没想到她会这样对我们。"

我问:"你说她会这样对你们是指什么呢?"

她说:"我觉得她很无情。我跟她爸爸这么爱她,为了她的生日付出不少时间和精力……就是想她能跟同学一起过一个快乐的生日。"

我问:"那你觉得你跟她爸爸的努力达到目的了吗?她是跟同学一起过了一个快乐的生日吗?"

她说:"那倒是。只不过我原来以为我和她爸爸也会是其中一部分。"

我说:"这的确有些失望。所以你们原来的目的是想孩子跟你们和同学们一起过个快乐的生日?"

她有些不好意思地笑了:"毕竟14岁是个很重要的生日,我们精心准备了好久,还给她做了个相册。"

我说:"这听起来是一份好有心的生日礼物。你觉得,孩子为什么不想让你们在家呢?"

她说:"其实想想也是,其他孩子都没有家长在旁边,我女儿肯定也希望我们不在旁边。虽然我们不会怎么她,但是总会感觉没那么自由吧。"

我说:"是啊,我们小时候也是巴不得家长都不在身边呢。家长不在的时候,大家多自在啊!这跟他们爱不爱我们没关系。"

她说:"嗯,其实她平时挺懂事的,生日那天可能太兴奋了,不像平时那么体贴。她说出这么一句话来,我还真是很难过的。他爸倒没什么,拉着我就走了,还说我想多了。"看来这位爸爸比妈妈想得开。

其实孩子们到了青春期,才开始有了真正意义上的社交。他们从小就有好朋友、小闺蜜,但那时候的玩耍更多是在父母的陪伴下进行。八九岁以后,强烈的独立愿望使他们想要尝试自己行动。尽管他们的能力可能还远远没有达到能够让父母放心的水平,但他们会抓住任何机会尝试。即使行动上做不到,口头上也要常叫唤。

他们就像刚刚长齐了翅膀的小鸟,迫不及待地想尝试自己飞翔,迫不及待地想挣脱父母的羁绊,向父母证明他们已经长大了,不需要父母了。

这时候,因为看到以前赶都赶不走的小人儿现在头也不回地奔向自己的小伙伴,我们难免要失落。但是从另一个角度来说,其实孩子们能够这样毫不畏惧地奔向未知的世界,说明我们在他们心中播下了爱的种子,他们内心是安稳的,是充满爱的能量的。在他们心中，父母的爱永远都在那儿，只要他们需要，他们就能够得着。只要他们想回来，家就永远在这儿。所以他们才会这样义无反顾。不然的话，他们就会畏畏缩缩，一步三回头，生怕一回头我们就不见了。

　　这样想来，是不是心里好受多了？我们养育孩子，不就是希望孩子有一天能带着我们的爱出发吗？不就是希望孩子有一天能够充满信心地扬起生活的风帆，去走出自己的人生之路吗？

　　青春期的孩子，正约着自己的小伙伴，三三两两地走上自己的起跑线。与其等他们对我们说"您可以走了"，不如我们来说："孩子，勇敢出发，好好享受吧！"

02

孤独的孩子

孤独的青春期

豆同学有一次在跟我聊天之后感叹地说:"唉,要是我能跟别人聊这些就好了。"我问:"你跟爸爸不也聊得不错吗?每次爸爸回来,吃饭的时候光你俩聊,都没我什么事了。""我是说除你们以外的人。"我打趣地说:"你是说女同学吗?"

他:"男同学女同学都行啊!"

我:"为什么要跟别人呢?跟我们聊天不好吗?"

他:"你们是家长啊!谁这么大了还跟爸爸妈妈聊这么多?都应该跟同龄人聊啊!"

我："嗯，那你可以去跟同学聊啊！"

他："我目前的同学中很少有人能聊这些。"

我："那你跟同学都聊些什么呢？"

他："聊些双方都感兴趣的话题呗。"

又有一次，他认真地对我说："妈妈，你就知足吧，我们班很多同学，跟他们的父母是零交流！零交流你懂吗！"

我很感慨地说："儿子，我确实很知足了。感谢你愿意跟我们交流。"

谁知这小子跟上一句："唉，我也是没办法。"

我追问："什么叫没办法啊？"

他："因为有些话我只能跟你们说啊！"

我："有些话只能跟我们说的意思是？"

他："就是也不知道人家有没有兴趣、愿不愿意听我说这些啊！而且，也不知道别人怎么看我这些想法。"

我："哦，为啥你会有这种担心呢？"

他："因为他们谈论的话题我一般都不感兴趣。你看，我不怎么玩游戏，我又不爱运动。"

我："哦，因为这样跟同学就少了很多话题对吗？"

他："是啊。"

豆同学从小就是个很有自己想法的孩子，考虑事情也比较多面。有时候我会觉得他想得太多，但更多时候，我们是鼓励他坚持自己的想法的。因此，我们也总是很有兴趣地听他表达自己的想法。看了书以后的感想，听了新闻以后的评论，对历史政治的感慨，对自己的觉察,对人生的发现……这些都会成为我们交流的话题。

进入青春期以后,他开始不满足于跟我们的交流,他更需要同龄的小伙伴。然而,要找到有同样爱好,又同样有交流欲望和有时间在一起的小伙伴不容易。直到他加入了学校的模拟联合国社团之后,才感觉找到了同道中人。每当我看到他在为一次会议做准备,查资料,写文件,跟小伙伴讨论策略时,每当我看到他们在一起交流自己读过的书,讨论历史、时政的样子时,就会由衷地替他高兴。

青春期的孩子本就孤独。我在想,那些跟父母零交流的孩子们,但愿他们有自己的同龄朋友,有可以交流心事的人。不然的话,他们或者能够独自熬过这漫长的孤独期;或者就很容易掉进虚拟世界里,迷恋上网络、游戏,交上一些能够让他们感觉能交流的不良朋友;又或者,急急慌慌地去恋爱,去寻找一份自己认为可以依托的情感;又或者去尝试一些感觉比较刺激的事情。有时候,青春期的冒险行为就是为了摆脱这种无边无际的孤独感和空虚感。

我们可以做什么

回想起我的青春期,我记起的也是跟父母的交流困难和跟同学之间的友谊。那个年代的父母甚至谈不上交流,基本都是单方面的管控和发号施令。虽然那时我比现在的孩子要想得少,并且我有几个好闺蜜在一起傻乐,但翻开日记本,还是发现有一种青春的孤独感扑面而来。

在那时候,总有一些心事无人可诉,总有一些情绪无处安放。这种孤独感,伴随着青春期的荷尔蒙而来,即使有再开明的父母,恐怕也没有办法消解。尤其,当跟父母都无法顺畅交流的时候,这种孤独感能够在日记里消化算是很好的方式了吧。

曾经有位初一的女孩跟我说:"我知道他们很爱我。爸爸妈妈、爷爷奶奶,每个人都很爱我。可是我到了一个新的学校要适应一切不容易,每天在学校撑一天下来已经很累了,他们对我的关心吧,都不知道怎么说,就是很烦啊。有时候我明明没什么事,就是累,不想说话,他们非得问来问去,一定要我说出个什么才行。有时候我关上门想睡一小会儿,奶奶又端着一碗汤直接闯进来叫醒我,非逼着我马上喝掉。我觉得自己好孤独啊,他们全都不理解我,没有人替我想一想。虽然我一点儿也不想喝这碗汤,可是如果不喝,又觉得对不起老人这份好心,觉得自己不孝顺。有时候我就想躲起来自己待一会儿,谁都不要来烦我。"

这些话代表了很多孩子的心声。很多时候,我们的爱无微不至、无孔不入。其实,未必是孩子需要的。孩子回到家以后,更多需要的是默默的关怀,而不是强制性地给予。也许是发现他在房间休息的时候,悄悄地替他关上房门;也许是在他表达自己很累时,默默地送上一个拥抱;也许是在他看上去心情不好的时候,用心感受和关注他;也许是在他表达需要的时候,及时响应。

爱是给予对方所需,而不是给自己所想。

尽管很多时候,我们觉得只有自己给的才是对的,孩子的需要并不对,不能去满足他。还有些时候,我们给出的是自己特别看重、特别珍惜的,却忽略了,这并不是孩子想要的。正所谓"甲之蜜糖,乙之砒霜"。如果我们能时常提醒自己这一点,也许,我们就更有机会成为孩子们的朋友,也才更有机会帮助他们从这种孤独中解脱出来。

03
青春期孩子的社交困惑

我一直认为,在爱情出现以前,友谊就像是爱情。因为它涉及的喜欢与不喜欢,在一起与分开,欣赏与嫉妒,旧友和新欢,相聚与别离,惦念和遗忘,独占与分享,伤害与原谅,等等带给我们的感受,与爱情别无二致。

时常被家长问到孩子在人际交往中遇到的困惑。这其中,女生家长居多。从幼儿园到青春期,孩子们交往的困惑大致集中在以下几个方面:

(1) 我的好朋友跟另一个同学走得更近了,难过。

(2) 我的好朋友竟然跟别人说我的坏话,伤心。

(3) 两个都是我的朋友,可是他们互相看不惯,为难。

(4) 想跟我交朋友的人,我有点看不上,不太想理他,可是又不想伤害他,纠结。

（5）我欣赏的同学并不欣赏我，在他们眼里或许我就像那个我不想理的人吧，自卑。

（6）看上去我跟谁都可以，但其实我内心跟谁都有距离，寂寞。

（7）我到了新的集体，无比怀念以前的朋友，这里的人都没有那边好，失落。

（8）我很喜欢我的好朋友，可是他并不尊重我，还经常占我便宜或欺负我，委屈。

这些问题会让孩子们很烦恼，但也许只是一个很短暂的过程。相反，家长们的困扰更加严重，因为我们太爱孩子了。我们希望孩子一帆风顺，不遇到任何麻烦；我们希望他们只有快乐和幸福，没有烦恼和痛苦。所以当他们遇到困扰时，我们恨不得能自己出面替他们解决；自己也不知道怎么解决的，就求助别人。

在这件事情上，我自己一直想得比较开。豆同学在青春期以后的人际交往一直是顺其自然，因为我们自己就是这样过来的。在我们年少的时候，一样有各种人际交往的困惑，正是在那些困惑所提供的机会中，我们一点一点摸索，学习如何与人相处，如何对别人好，如何接受别人的善意，如何判断形势，如何有效沟通，如何有分寸地表达，如何处理冲突，如何坚持自己的立场，如何妥协与退让，如何照顾别人的情绪，如何维护自己的利益……这就是社会化的过程，这就是一个人成长过程中该走的路，必须面对的挑战。

所以当有家长咨询这一类问题的时候，我都会问他们：你们的青春期有过这样的时候吗？你们希望去帮孩子把这些障碍都扫清，还是希望孩子通过这样的过程慢慢成长？

当然，这并不是说，我们就可以袖手旁观，根本不用管他们了。作为家长，我们永远有一件事情可以做，那就是始终传递爱的信息。让孩子知道，我们永远是和他们站在一边的，我们永远会是他们坚强的后盾。以下具体做法可供参考：

（1）跟孩子说，看出他情绪有些不好，问孩子是否愿意聊一聊。
（2）如果孩子愿意，问孩子发生了什么，事情的前因后果是怎样的。

注意，在孩子讲述的过程中，保持专注，眼神交流，尽量不说话，只用一些表示自己在认真倾听的助词和短语。比如：嗯，哦，是这样啊？后来呢？还有吗？

不要主观猜测，更不要先给孩子"判罪"。

（3）问问孩子在其中自己的感受是什么。他认为对方的感受是什么。他的希望是什么。
（4）问孩子打算如何解决这个问题。

注意，不要评价孩子的想法，鼓励孩子尝试用自己的方式来面对和解决。如果孩子决定先搁置不去解决，也要尊重孩子的选择，不要责怪孩子逃避或者胆小。不要强迫孩子接受你的想法。

（5）告诉孩子你爱他，只要他需要，你愿意随时提供帮助。
（6）如果孩子在第一步就表示不愿意聊，尊重孩子的选择，按第五步去做。
（7）保持观察，如果有必要可以找机会跟孩子再次交流。如果本身是孩子主动求援，就直接从第二步开始。

04
孩子的朋友我不喜欢怎么办

  豆同学上小学时班上有一个小孩，是一个很有天分的孩子，然而在与人相处方面似乎一直不知道如何表达。在与人沟通的时候，他很容易用动手来代替说话；面对面相遇，好好的就是一拳，像是普通人打招呼一般。豆同学曾经与他同桌，两个人因为同样爱好阅读、知识面广而很有话讲，经常聊个没完。然而，这并没有减少豆同学与他发生肢体冲突的风险。豆同学那时也是个有个性的孩子，对他的这位同学是又喜欢又烦，而我看到他经常身上挂彩，着实心疼，又无可奈何。

  有个 8 岁的小朋友告诉我，他奶奶不让他跟他的小伙伴玩儿。原因是奶奶嫌那个孩子不爱学习、不爱阅读，怕影响了自己孙子。同时，那个孩子动手能力特别强，每次一来就三下五除二把他的乐高玩具拼好了，让操作能力比较弱的孙子没有了机会。

在家长课上,家长们也常常提出这样的问题,孩子喜欢一起玩儿的小伙伴偏偏是父母不喜欢的。比如,女孩子的闺蜜跟几个男孩子关系密切,男孩子喜欢跟一帮爱运动却学习不好的同学玩儿。

平心而论,我们都希望自己家的孩子跟学习成绩好,各方面都很优秀的孩子交朋友。但这个希望暴露了我们的几个迷思。

第一,别人家的孩子什么都好,就是完美小孩。

第二,我们认为自己的孩子跟这样的孩子在一起能够受到一些好的影响,甚至也更有希望成为同样优秀的孩子。

可是,真的是这样吗?如果我们换个角度来看就会发现:

第一,每个孩子都有自己的长处和短处,这个世界上根本就没有完美的孩子,也许你看不顺眼的自己的孩子,就是隔壁所羡慕嫉妒的那个别人家的娃。

第二,我们经常对自己孩子的长处视而不见,而总是习惯性地拿自己孩子的短处去比别人家孩子的长处。这样的比较本身就不公平。

第三,就算你认定你家孩子真的很差,就是不如别人家的孩子优秀,那你又怎么期待别人家的父母愿意让自己的孩子跟你家孩子玩儿呢?人家也想让孩子受更好的影响啊!

第四,我们的孩子为什么不愿意跟学霸玩儿而宁愿跟那个孩子玩儿呢?孩子有什么需求是我们没有满足的呢?

"近朱者赤,近墨者黑",我们都希望自己的孩子有个好的榜样,可是青春期的孩子不像小时候那么听我们安排了。所以,无论我们愿不愿意,他都会开始自己选择玩儿伴。而我们的干涉很可能让他们更加坚决地捍卫自己的权利，更加想跟那个孩子交朋友。最多，给你个面子，从地上转入地下罢了。

所以，拦是拦不住的。那怎么办呢？

以下的方法供参考：

（1）跟孩子聊一聊，看看那个孩子的什么特质吸引了自己的孩子，孩子跟他在一起是什么感受。从孩子的角度去了解那个孩子，同时了解自己的孩子有哪些需求是跟那个孩子在一起得到了满足。

（2）听听孩子对那个孩子一些不被你喜欢的方面的看法。这样既可以了解孩子的评判标准，也能知道孩子受影响的可能性有多大。

（3）有可能的话，邀请那个孩子到家里来玩儿或者吃饭，近距离观察那个孩子以及两个孩子间的互动。

（4）就自己观察到的现象跟孩子进行讨论，在互相尊重的基础上交换彼此的看法。

（5）鼓励孩子带动那个孩子进步。与孩子讨论各种可能性和可行性。

（6）根据第一步了解到的孩子的需求，与孩子展开讨论，看是否还有别的途径同样可以满足孩子的需求，以此拓宽更多的可能性。

总之，在互相尊重的基础上，平等地跟孩子讨论这个问题，才有可能更多地了解孩子，解除家长自己的担心，同时可以帮助孩子对于交友这件事展开更多的思考。相反，简单粗暴、横加干涉不仅解决不了问题，反倒可能激起叛逆之火，结果就是他想跟谁玩儿还是继续跟谁玩儿，只不过你从此可能不知道了。

05
不想参加家庭活动，可以吗

上中学以后，一家人能够在一起的时间真是不多。所以，我们周末总是尽量安排一些活动，以期望能有一些家庭时光。比如户外活动，去看望老人以及跟几家朋友的 family day（家庭日）。可是，豆同学并不总是有时间，也并不总是很情愿参加。有时候，我们要费一些口舌说服他。

初二的一个周末，我们同一天里竟然安排了三项活动。而且我们是在户外活动结束后，去看望老人的路上，告诉豆同学，晚上我们还安排了跟朋友几家人的晚餐。

豆同学听到以后有些意外，他说："啊？我晚上可不可以不去呀？"

我听了以后没有回答，认真地在心里想着，是啊，他是不是可以不去呢？

豆同学见我没出声，就问："妈，你生气了？"（看来我以前是多容易生气啊）

我说："没有啊。"

"那你干吗不说话？"

"我在想啊，看你是不是可以不去。"

没想到，豆同学马上说："算了，我还是去吧。"

我说："你的确可以不去的。今天也是蛮累的。"

"没关系，我还是去吧。"

我当时真是十分感慨。我们的孩子啊，但凡我们愿意听听他们的诉求，哪怕只是在认真考虑一下，他们就能感受到被尊重，就愿意配合我们。

晚饭时，我特别注意到，他在期间的确有些无聊。几个孩子虽然从小就在一起，但当时到了年龄差别最为尴尬的时期，也是最没有共同语言的时期，而跟大人也无法真正聊起来。好在他带了一本书，基本上从头到尾就看书了。

回家的路上，他说："妈，下次我真的不来了哈。"

我非常理解地说："好的，我完全理解。"

从那以后，每次我们要有什么安排，都会事先跟他商量，一是看看与他自己的计划有没有冲突，二是看他是否愿意。虽然很多时候我们都会盛情邀请，但最终还是由他决定是否参与。只有少数我们认为很重要的场合，只要我们提出来，他就基本很配合。这个以前要费很多口舌的问题，就此解决了。

所以，可供参考的方法总结如下：

（1）有重要的家庭外出计划提前通知孩子。

（2）如果是跟孩子相关的事情要提前征求他的意见。

（3）当孩子不愿意参与的时候，别急，听听孩子怎么说。

（4）跟孩子一起想想有什么办法解决他的顾虑或者担忧，同时满足彼此的需求。

（5）如果孩子有道理，允许孩子不参与。

（6）如果觉得事情很需要孩子的配合，说出自己的需求。

第五章

兴趣篇

01
我不要学钢琴

一位朋友曾经跟我谈过她面临的一个非常令她头疼的问题："孩子不想学钢琴，非要学架子鼓。怎么做工作都做不通。"

看着她愁眉不展的样子，我问她："能告诉我吗？你为什么那么想让他学钢琴，而不是架子鼓？"

她："是这样，我们家老大在学钢琴，我就觉得他要是能跟着哥哥学，就方便嘛。琴是现成的，老师也不用另外找，哥俩还可以切磋。还有，架子鼓那么大的家伙，又占地儿又不好携带，万一他学着学着没兴趣了，多麻烦啊！"

我："如果他执意不肯学钢琴，你能接受吗？"

她回答："我也不是不能接受，就是觉得他好像故意跟我作对。"

我："那你知道他为什么要学架子鼓而不是钢琴吗？"

她："不知道啊，他就是说不想学钢琴。"

我："你问过他吗？"

她："那倒没有。"

我："你试试问一问他吧，问问他是怎么想的，为什么不愿意学钢琴？会弹钢琴对他来说是什么感觉？他怎么想到学架子鼓的？如果会打架子鼓又会是什么感觉？"

孩子不想学钢琴而想学架子鼓背后的原因可能有很多种。比如说，可能是因为他觉得钢琴不够酷，打鼓才够酷；也可能是因为会弹钢琴的同学太多，他想让自己与众不同；还可能是因为自己欣赏或崇拜的某个人会打鼓，他想像那个人一样；又或者是因为自己心仪的女生很喜欢打鼓的男生，他也想成为被喜欢的那一个；抑或只是因为哥哥学的是钢琴，他想跟哥哥不一样……

我们只有弄清楚孩子的真实想法，才能够对症下药，才有可能去解决这个问题。而了解孩子的唯一途径，就是打开我们的耳朵，闭上嘴，听听孩子怎么说。

朋友听了，若有所思地说："嗯，那我回去问问他。"

不久，我就收到了朋友的短信，这个问题解决了。原来孩子就是因为想跟哥哥不一样，所以刻意要避开，不跟哥哥学一样的乐器。后来经过商量，孩子决定学萨克斯了。

我一边感叹我的朋友，一如当年的学霸范儿，这么短暂的一个交谈，就能回去解决两个困扰已久的问题（另一个是小儿子老是抱怨假期无聊的问题，我给她的方法是正面管教里面的惯例表）。一边也感叹，孩子们的想法其实有时候很简单，只是我们很容易陷在自己的评判和想法里，而想不到去了解他们。

由此我也想到，豆同学小时候，也会有这样死活说不通的情形，问他为什么也不说，通常搞到我很抓狂，他自己也很不开心。现在想来，只是因为他也不知道该如何表达，或者是怕说了以后被否定，甚至被责备，所以宁可选择不说。所以，如果我们成人能够放下自己的执念，多听听孩子怎么说，就能给孩子更多的机会表达，也能减少我们自己的很多烦恼。

02
兴趣班该不该停

  我的整个少年时期，是在父母的严厉监管下度过的。没有个人想法，也不允许有个人想法。我爸当时有一句"名言"，就是"大人说你的时候不准顶嘴，就算是错了，你也得听着"。所以，我小时候的一切都是按照父母的意愿来的。尽管也有调皮淘气，也有背着他们干坏事的时候，但整体来说，那种被人强迫的感觉特别深刻。因此，考大学的时候，我唯一的想法就是要离家远远的，我要自由。

  在大学报到的那一天，晚上 8 点钟，漫步在校园宽阔的路上，迎着清凉的晚风，听着白杨树叶子沙沙作响，想到这么晚了，还可以自由地在外面晃荡，我禁不住仰天大笑："哈哈哈，真是天高皇帝远啊！"

  就是这样一个渴望自由的我，在还没有孩子的时候，就下定决心，以后一定不会强迫孩子做他不愿意做的事情，决不。未曾想，就是这样一个过度补偿的决心，让我在育儿初期的许多做法，偏离了我原本的初心，在给孩子带来了好处的同时也带来了一些消极影响。

2004年，豆同学3岁的时候，他所在的幼儿园举办运动会。

我问："宝贝，你要参加什么项目吗？"
他说："我不想参加。"
我问："为什么你不想参加呢？"
他说："因为我怕输"。

当时的我，既没有共情倾听他更多的感受、想法，也没有引导、鼓励他去面对挑战，更没有帮助他去开始一小步的练习，只是简单地尊重了他的想法，说："好吧，那我们就不参加。"

2008年，二年级的他，参加了一个画画班一段时间之后，说不想学了。我问他为什么，他说就是不想学了。我既没有仔细了解他的想法和感受，也没有去跟老师做一个沟通，直接决定，不勉强他。如此这般，羽毛球、乒乓球、钢琴、篮球，像很多孩子一样，许多东西浅尝辄止，遇到瓶颈期就停下，没有一件事情坚持下来。

直到多年后的一天，我才意识到这件事情的严重性，才懂得了一个非常重要的道理。那就是，上兴趣班的目的不是一定要孩子学习到什么水平，而是通过学习不同的东西，去发现自己的真正兴趣和特长所在，并且去体验学习的全过程。从一开始的新奇，到之后的平淡，再到之后的困难，直到坚持到底取得成功。

学习任何东西都可能有瓶颈期，如果在瓶颈期我们能够和孩子一起面对困难，了解孩子的困惑，激励孩子的斗志，并且协助孩子一起去找方法，迈出克服困难的一小步，最终与孩子一起战胜困难，跃上一个台阶，再接着迎接下一个挑战……那么，孩子就会在这个过程中，学习到在有兴趣时如何享受学习本身的快乐，在遇到困难时如何咬着牙坚持，并且积极想办法解决问题，最终自豪地享受自己坚持下来的胜利成果，从而感觉自己有能力，对自己充满信心。

而我，本意是不强迫孩子，实则是自己偷了懒。孩子失去了宝贵的学习坚持的机会，我则错过了陪伴孩子努力拼搏，并分享成功的喜悦的机会。如果说，我父母当年是通过各种简单粗暴的强迫手段，让我对学习失去了兴趣，对自由有着执着的向往，但同时，也磨炼了我的意志，锻炼了我的本领。我的做法，貌似是尊重孩子的选择，实则是一种放弃，虽然让孩子享受到了自由，但也给孩子带来了消极的影响。

当我意识到这一点之后，我决定开始改变。而这个时候的改变，变得困难重重。因为豆同学这时候已经是一个15岁的少年，正是独立意识十分强的时候，如果不是他自己情愿，要说服他是一件十分困难的事情。然而，我有决心改变自己过去的做法，采取更有利于豆同学成长的方式。因为，我已经学习了如何更有效地沟通，知道了如何在平等的、互相尊重的前提下跟孩子一起去讨论一件事情。

于是，我跟豆同学进行了一次长谈，告诉他我的反思，同时表达了愿意跟他一起来补这一课的决心。豆同学的反应果然不积极，并且带着一点担心："那你想干吗？"我说："我不想干吗，只是我们以后不能遇到困难就躲，一感到不爽就放弃了。"

当孩子进入青春期以后，主观上孩子越来越有自己的想法，不再轻易听我们的安排，客观上时间也不允许孩子再上过多的兴趣班。如何选择，舍什么取什么？保留下来的课如何坚持？遇到与功课时间冲突的时候如何处理？遇到太累了或者没兴趣了的时候该怎么办？这正是孩子学习选择、时间管理、坚持、对自己负责等这些重要的人生技能的好机会。如果我们能跟孩子坐下来平等地讨论，让孩子参与到头脑风暴、做决定、实施、反馈的全过程中来，就能够帮助孩子从中学习到上述所说的这些技能。

所以，兴趣班要不要坚持，重点并不是简单地由家长或者孩子来决定，而是这样一个讨论过程。无论最后的结果是放弃还是坚持，孩子都能从中学习和进步。试想一下，如果跟孩子相关的事情都能够让孩子参与讨论和决定的话，他得是个多自信的孩子，他长大以后，得是个多有能力的人呢。

03
社团活动要不要参加

豆同学的社团活动

高中二年级时，豆同学担任领队，带领自己学校社团的 9 位小伙伴们，去深圳参加模拟联合国大会。而因为同时担任会议的轮值主席，必须先去打前站，所以 16 岁的他终于体验了一次独自出行去外地的感觉。出发前几天，他就很兴奋。自己查车次，订票，查当地的交通，联系会务组。也不跟我们商量，都是订好了才告诉我们。

临行当天，我问他："有人接你吗？"

他："没有。"

我："要我请人接吗？"

他:"不用了,我自己可以。"

我:"好。那,要不要送你啊?"

他:"送?送去哪儿?"

我:"高铁站啊!"

他:"诶,我只去4天好吗,又不是去上大学。"

我:"呃,好吧。"

出发前给他做了爱吃的韭黄炒蛋,吃完饭一起走去地铁站。然后,拥抱告别。看着他自信满满的背影,我想起他刚进高一时,有一天突然感慨地说:"我觉得我的初中都白过了!"我问他何出此言。他说:"那么多社团,那么多活动,我啥也没参加。"

我忍住补一刀的冲动,把心里想的那句"那时候我怎么劝你,你都不肯,现在后悔了吧"狠狠地咽了下去,然后问:"那现在你有什么打算呢?"

他有点沮丧地说:"现在都晚了,最多还能有一年。基本上高二就没有人参加社团了,都要忙高考了。现在各个社团招新,都是因为高二的要退出了。"

我说:"哦,你想参加什么社团呢?"

"我想去考模拟联合国,就是不知道能不能考上。"

"去吧,我支持你。"

就这样,豆同学开始了他整个中学生涯唯一的社团活动。为了支持他,我们为他配置了手提电脑,并且提供各种可以提供的条件。

父母的纠结

这期间,我跟他爸爸也有过各种纠结。在他作业还没写完,却要忙着参加大会的各项准备工作的时候;在他完成作业以后,还要熬夜写代表国家的立场文件的时候;在他该背的课文还没有背下来,却捧着大部头的《大外交》《全球冷战》啃得津津有味的时候;在他学习成绩下降的时候……

我的纠结在于,他花了很多的时间做这件事,并且短期内的确对学习有影响。因为时间总共就那么多,有9门功课要学习已经是疲于应付了,要再兼顾这些就势必跟学习抢时间。

可是,参加"模联"的各种活动分明也是一种学习。从通过招新考试加入其中,到后来通过竞选担任副秘书长;从一开始默默写文件,到后来担任轮值主席;从跟在高年级学长后面学习,到带领队伍去外地参会;从对社团过往资料的整理,到撰写新的章程;从构思社团的宣传演讲词到组织大会的通告;从为社团成员意见不同、沟通不畅而黯然神伤,到觉察自己的模式,尝试调整和改变以达到更有效的沟通……他在其中的收获和进步是显而易见的。

而这些组织能力、管理能力、沟通协调能力、表达能力、资料整理能力、团队合作能力、灵活应变能力,不都是将来无论做什么工作都需要的吗?不是能够受益终身的吗?

所以,我就在整体支持的基础上纠结着。有时候很摇摆,坚决要求他完成作业之后才可以做这些;有时候又很心疼他在中间的左右为难，默许他暂时放下功课。现在想想，孩子也真不容易。因为在我们家长都不能明确地知道到底应该持怎样的立场时，在我们家长的态度都时常摇摆时，他得有多么坚强的意志，才能排除事情本身的困难和来自父母的干扰，坚持投入地做好这一件事情。

用心投入就会有收获

进入高二以后，孩子们开始纷纷退出社团转而集中精力学习。豆同学表示想多坚持一个学期，我跟他爸爸经过反复思量之后决定继续支持他，同时希望他能尽量不耽误学习。而他，通过一年的积累，经历过跟在学长后面参会，经历过单刀赴会得奖，然后就到了带新人的阶段。

今年4月，他带队去深圳开会，这对他来说又是一次全新的体验。从前期的准备、组织、讨论，到旅程安排、车票购置、酒店入住，再到会议文件的撰写、参会策略的制定等所有内容，都需要他去想、去做、去组织安排。

看到他的兴奋和激动，也看到他的紧张和焦虑。我和豆爸互相提醒的就是管住我们的嘴，憋住那些想脱口而出的经验和建议，让他自己去摸索、去尝试，并且在他主动提出需要的时候，提供支持和鼓励。因为我们坚信，这样的经历一定会让他大有收获。

事实证明，的确如此。

进入高二下学期，就开始把接力棒交给学弟学妹了。这同样是一个不容易的过程。从精神上、情感上的撤离，各种文件的交接到对外发出通告，我从中看到了他做事情的认真细致、对团队的责任心和对集体荣誉的珍惜。

我想，虽然他初中错过了许多社团活动的机会，但这个社团已经让他有足够的体验。因为他如此用心、如此投入，从中的确获益良多。其实，我们成人做工作时又何尝不是如此呢。正如他参加了社团一段时间后跟我感慨："我觉得并不是每个人都是因为真正喜欢而来的，有些人就是想来混个身份，给自己增加点资历。所以他们不认真，好像就是来混一下。"

我说："嗯，那你怎么看呢？"

他说："我觉得那就没什么意思了。"

是的，一分耕耘一分收获。我在想，就算豆同学初中的时候参加了一些社团，他固然可能更早、更多方面地得到锻炼，但是以他当时的成熟程度，可能不会有现在这么多的收获和感悟。而且，虽然从短期来说，我觉得他抽出了很多本来应该用于学习的时间，但从这一年半的整个过程来看，参加社团并没有对他的学业造成多大的影响。他的付出是值得的。

所以我庆幸当初尽管有纠结、有彷徨，还是跟他一起坚持下来了。

04
关于课外阅读的三问

每隔一些日子,我就要周期性地为豆同学的晚睡焦虑。作为一名高中生,他的业余时间已经非常有限了。几乎每天从早上六点多起床去学校,到晚上十点左右回到家,基本上床就是十二点左右了。即使他能够上床就睡着,也就只能勉强保证六小时的睡眠。然而,这位小同志从小就养成了睡前阅读的习惯,无论多晚,都舍不得放弃。这样一来,通常就会奔着十二点半甚至一点去了。

豆同学从小就是个热爱阅读的孩子。小时候基本上见到可以读的东西就会停下来,无论是在墙上、桌上还是地上,从一间房去到另一间房拿个东西,都可能因为无意中看到可读的一些文字而回不来了。从上学开始,他就是我们小区里唯一一个每天坐在报刊角读报的孩子。以至于我们有时打电话去楼下找人时,物业管理员通常的回答是："哦,是那个看报纸的小孩吧。"

到了高二,看着他每天忙里偷闲、争分夺秒地看课外书,我有时候会欣慰,有时候却无比焦虑。想到他第二天早上起来时的痛苦,上课时的犯困,睡眠不够影响身高,还有长此以往对健康的影响……我的心啊,就止不住地担心和忧虑。

可是转念一想,我希望他怎样呢?目前每天短暂的课外阅读已经是他学习之外唯一的调剂了,如果连这个都没有了,生活岂不是太无趣了?况且,人家是读书,不是打游戏,不是沉迷网络,这是多少家长羡慕不已的。这样想一想,我又能平静一些,忍住不去干涉。

在我们的青春期孩子家长课上,有很多家长像我一样为孩子的课外阅读忧虑,说起来诸多抱怨。诸如不爱阅读,太爱阅读,阅读的书不对,阅读的方式不对,阅读的时间不对……总之就鲜有满意的。

具体来说,有的抱怨孩子从来不看课外书,只捧着手机;有的却嫌孩子太爱课外阅读,总是时时刻刻捧着书;有的抱怨孩子阅读的书不对,都是玄幻、武侠或者言情;还有的觉得孩子阅读的方式不对,囫囵吞枣,只看故事情节,没有自己的思考;抱怨时间不对的就是孩子吃饭看,走路看,上厕所看,睡觉晚了还看……

总之,我们都希望孩子做得刚刚好。既要热爱,又不要上瘾;既要随时拿得起,又要可以放得下;有空就要多阅读,没空就不要影响学习;要读有营养的书,最好是世界名著;要分时间场合……

但是，这分寸要把握得恰到好处，精准不偏，一切刚刚好，那还是人吗？只能是机器人吧，编好程序，一按开关就按程序运行，该走走，该停停。

有没有发现我们对孩子有多苛求呢？

经常有家长问我：**如何能让孩子爱上阅读？**

我通常的回应是：您自己爱阅读吗？

如果答案是肯定的，那这件事就比较容易了。我不知道爱不爱阅读这件事跟遗传有没有关系，但我知道肯定跟环境有关。我家书很多，加上我不是太爱收拾，家里各处随手都可以捡到一本，所以豆同学爱阅读几乎就是天生的。

有一年暑假，豆同学的表姐来广州，在我们家住了一段时间。就是这一段不长的时间，这个原本不爱看书的 11 岁小姑娘爱上了阅读。原因很可能是原本就有的潜质被环境激发出来了。

我们一家三口都有阅读的习惯，如果都在家，很多时候就是人手一书，各自沉浸在书香里。同时，我们家书量大，并且种类繁多，书柜里放不下，就散落在各处。所以无论走到哪里，都可以随手拿起一本来读。在这样的氛围里，原来特别爱看电视而不爱看书的小姑娘找到了好几本感兴趣的书，每天读得津津有味。她妈妈开心地告诉我，就是这次从广州回到家之后，她开始要求父母为她买一些课外书。

另一个经常被问到的问题是：**如何给孩子挑选课外书？**

这个问题没有标准答案。因为每个人养育孩子的目标不同，方式就不一样。我和豆爸都希望尊重孩子自己的兴趣，保护他的独立思想和独立思考能力，所以，我们给他买书的方式不是在前面引导，而是跟在他的兴趣后面，提供足够的资源。也就是说，除了0岁的娃娃书以外，从图片书、绘本，到简单的字书，再到全文字书，我基本上是根据他每一个阶段的兴趣倾向而为他购买相应的书籍。

比如他在两三岁的时候，对动物特别感兴趣，我就会买大量有关动物的书给他。4岁左右爱上了神秘的太空，说长大要成为天文学家，于是他读的书、画的画都跟宇宙和星球有关。6岁左右喜欢地理，一本介绍各国国旗、国徽的书几乎被他翻烂，地图、地貌也成了他画画的主题。8岁左右他发现了古生物很有趣，对动植物的起源和进化过程十分感兴趣，于是我们家又有了一批相关的书籍。之后，他开始翻我们的书柜，开始看我们的一些藏书。

10岁左右，他爱上了历史，这一爱好保持至今。他先从我们买的书开始看起，到后来自己开书单要求买，或者去图书馆借。慢慢地他看的书已经远远超出我的阅读范围，一些我看起来觉得十分枯燥、读不下去的书，他读得欲罢不能。

也许是因为从小我们对他个人意志的保护吧，到了青春期，他更是完全自己决定读什么。这件事的积极效果是，他对阅读的兴趣有增无减，乐此不疲；消极影响是，但凡老师、家长推荐的书都没兴趣，非得自己到处刨书看。

其实，从初中开始，老师就会推荐和要求孩子们阅读一些世界名著，他当时很多书都不愿意读。结果到了高中以后，他意识到自己这一方面的缺漏，这才努力来补这一课。

有一次，他还在初二的时候，有朋友推荐了一本书给我们。下单的时候，他一看到名字《写给无神论者》，又听说是推荐给他的书，表情就有点怪怪的。我说："据说这位作者很有名，文采也很好。"他说："哦，那又怎样呢？"我说："不怎么样。我打算自己买来看看，能不能给你看还不一定呢。"

这就是青春期的孩子。很多时候我们那么想让他们读什么书、干什么事，他们偏偏不愿意，而自己感兴趣的方面，却可以努力钻研。事实上，这就是他们自己的人生，我们无权干涉，也无法干涉。

还有家长比较关心的问题是：**如何引导孩子读一本书？**

有一次，我看到一篇文章，介绍如何引导孩子阅读。当时看完我就觉得自己做得太不好了。因为我们家基本是自由阅读，没有太多引导。我觉得这样做同样有积极面和消极面。积极面就是孩子对于一本书的理解经常跳出常规思路，常常有自己的独特看法；消极面就是有时候太独特了，对于常规的套路太不熟悉，容易走偏。

无论如何，跟他一起吃饭时听他东拉西扯是一件很享受的事情。因为他的阅读范围刚好是我不太涉及的，所以，很多时候，他谈论的话题对我来说总是新鲜有趣的。比如他会在一顿饭的工夫，从原始宗教的神秘祭祀说到科学，说到特殊人物对历史进程和宗教发展的影响，说到政治的特殊性，说到成王败寇，说到佛教里对于亲人犯罪应该如何对待的规定……有时候，他还会给我们介绍一些我们没有听说过的书，比如人类学著作《金枝》，这种书恐怕是我自己永远不会想到去看的。

有一年的世界读书日，我买了几本新书，顺便帮喜欢科幻小说的豆同学买了本《时间移民》。原本想给他一个惊喜，结果他在表示感谢的同时告诉我，他两年前已经在网上看过了（好吧，这证明孩子很多时候上网其实也是在阅读）。半年之后，我看见他又在看这本书，心想，好，总算没白买。然后他说："妈，我发现不同的时间看这本书有不同的感觉呢！我现在看这本书的想法跟两年前不一样了。"我说："Exactly！我也经常有这种感觉呢。说说看，有什么不一样？"……然后又是一场有趣的讨论。

还有一次，他语重心长地对我说："妈，我建议你还是要多关心一下别的事情。"在他眼里，我这几年除了正面管教、家庭教育和心理学的书之外，对别的东西都不关心、不了解。的确，他说对了大半，这几年我看书的范围的确窄了许多。而我看的书，他大抵是没有兴趣的。事实上，很久以前，他和我阅读的书就少有交集了。只有极少数时候，他会要求我把看完的书给他看。比如之前他看到我在看《人类简史》，跑过来翻了一下说："这本书有趣！等您看完就归我了哈！"

他虽然从小阅读量就很大，但因为内容和形式我们很少干预，所以除了他最爱的历史之外，其他似乎并没有体现在成绩上。但我相信，他读完的一本本书，就像播下的一颗颗种子，总有一天会生根发芽。

05
各种比赛有用吗

2010年,豆同学四年级。一天,他从学校回到家,轻描淡写地说:"今天有个数学老师到我们班来,问哪一个是我。"

"哦?"我们问他,"是怎么回事呢?"

他说:"我也不知道。不知道是不是奥数的事。"

"奥数?你什么时候参加了奥数比赛?"我和他爸爸都有点吃惊。

豆同学依然很平静:"那天奥数初赛,说参加的就不用上体育课,我就去参加了。然后,今天来的这个老师是学校负责辅导奥数决赛的。"

我跟豆爸对了一下眼神,心里暗喜。这个三年级以后就不再喜欢数学的娃儿,竟然为了逃避体育课自己去参加了奥数初赛,而且很可能进了决赛？后来事情果然如此，而豆同学也像打足了气一样，参与到奥数比赛的准备当中。虽然最后决赛并没有得奖，可是这个过程中，他一反过去不肯上任何补习班的做法，主动去奥校上课，并且坚持风雨无阻。

这件事情让我看到比赛对于孩子的意义。

过去我一直不主动鼓励孩子去参加比赛，因为我片面地认为，如果孩子被动地去参加比赛，为了赢而去做一件事情，会剥夺他做这件事情的乐趣。可是我忽略了，其实一个从来不参加任何比赛的人，也会失去一个去发现和挖掘自己潜能的机会，一个去与更多的人交流和切磋的机会，一个自己给自己信心的机会，这同样是剥夺了他们另一种乐趣。而事实证明，这个从小在我的纵容和变相鼓励下逃避各种比赛的孩子，一旦得到一点点鼓舞就能被激发出很大的动力。

所以，比赛有用吗，当然有用。

除了参赛得奖以后可能对升学有利，可能对参赛这一门功课有突破性提高，可能让孩子得到鼓舞，更愿意学习这一门学科等功利性的好处之外，比赛本身就可以让孩子对自己有更多的认识，建立更多的信心。同时，参加比赛的过程更加有价值。比如比赛前的积极备战，比赛中各种状况的应对，比赛结果的解读，面对胜利和失败时的心态，等等，这些都是孩子参加比赛可以学习到的，也都对孩子未来的人生特别重要的。所以，现在的我主张孩子有机会参加比赛时不要轻易放弃。

若孩子自己主动积极地参赛，我们自然要支持，提供孩子需要的帮助，做好孩子的坚强后盾。若孩子不愿意参加，我们要通过倾听和共情了解孩子的想法，找出背后的原因。如果孩子是因为勇气不足，我们就鼓励；如果孩子担心自己技不如人，我们可以帮助孩子小步前进；如果孩子担心影响功课和玩儿的时间，我们就可以跟他们一起来规划时间……总之，只要我们有心有方法，我们就总能够站在孩子的身后，在他退却的时候赋予他力量和勇气。

当然，我仍然不主张强迫。每个孩子都不一样，如果各种支持鼓励的方法都用过了，孩子仍然是不愿意，那说明时机还没有成熟，暂时不参加也没有任何问题。

06
半途而废还是坚持到底

"妈,我有点不想上去了。"什么?我不敢相信自己的耳朵。我们翻山越岭,好不容易到了天都峰脚下,眼看可以开始爬这座黄山的最高峰了,豆同学竟然说不想上去了。我脸色一变。

豆同学赶紧说:"是这样的。你看,现在已经十二点半了,如果我们现在爬上去再下来,最少两个小时吧,然后再坐缆车下山至少都得三点了,就没有时间去古城了。你觉得呢?"

"嗯,还有吗?"

"还有就是,我真的有点累,不想再爬了。"

"嗯,还有吗?"

"我觉得费这么大劲爬上去再下来也没什么意思,而且现在时间也不够用了。以后反正还有机会再来的。"

我有些恼怒。心里气他临阵退缩，又心疼他累，也在考虑时间安排的问题。一时间脑子里各种想法。累是真的。昨天一整天都在山中爬上爬下，上午又爬了一上午。此时，我的老胳膊老腿儿正累得发抖，两边的膝盖都在隐隐作痛。时间也确实是有些紧张，很有可能去不了古城了。可是……难道就这样放弃了吗？

其实我自己也并不太想上去了。一方面我多年前已经上去过，另一方面，我有点担心自己已经在疼的膝盖。然而，这样的放弃对豆同学来说意味着什么呢？又一次半途而废？又一次遇到困难就跑？失去体验咬牙坚持然后成功登顶的机会？不行，必须坚持。

于是，我深吸了一口气，看着他，温和但坚定地说："不行，我们得上去。"

他有些意外地瞪着我，说："一定要上去吗？我真的非常非常不想去！"

"我知道你不想，可是我们都到这儿了，不去太亏了。"

"下次还可以再来嘛！"

"下次是下次。"

他一跺脚，生气地走到了一边。看到他又累又气的样子，我那潜藏的内疚又偷跑出来了。感到自己在强迫他做他不愿意的事情，同时在谴责自己以前只顾工作，没有从小陪着他锻炼意志，才会导致今天的场面。我有些犹豫了。但很快意识到我又差点被过去绑架，而没有专注在当下可以做什么。是的,过去我们做错了许多,但是那都已经过去了。后悔和内疚都于事无补,该聚焦的是现在我们能做些什么。

于是我甩了甩头,回到眼前。仔细思量了一下,我对他说:"如果你那么抗拒,或者我们也可以不上去。"

他转向我,满怀希望地看着我。

我接着说:"但是时间上其实是差不多的。爬上去,我们就坐缆车下山;不爬上去,就走路下山,也得两三个小时。你觉得呢?"

他失望地说:"啊,走路下山啊?那还不如爬上去呢!"

我说:"那就爬呗。"

小子一副心死的样子说:"爬就爬咯。"说着就带着气冲在前面,开始爬台阶。天都峰十分陡峭,我几乎要手脚并用地往上爬。刚爬了一小段,豆同学在上面回过头朝下面问我:"你行不行啊!"

我心里一暖,这孩子,心里还憋着气呢,却没有忘了关照我。我回答他:"我暂时还可以,放心吧!"

越往上,路越难。有些地方,豆同学会停下来拉我一把。有时候,他会停下来看一看周围的风景,但是并没有高兴起来。一路上,总是会有回程的人热情地鼓励说:"加油!快到了!"而我们,也都会下意识地问,大概还有多久啊?回答通常是"十来分钟吧!"很快,我们就发现他们是在善意地骗我们。因为,一个又一个十分钟过去了,我们依然攀爬在路上。

随着我们越爬越高，风景越来越美，豆同学的情绪渐渐高涨起来。在最危险的鲤鱼脊，我有些胆怯，不敢过去。他先过去以后，热切地鼓励我："抬头，不要看下面，慢慢走。"然后，越过一个又一个险峰，我们终于登上了峰顶。

在登上峰顶的一刹那，我们都被眼前的绝美风景惊着了。那是一块窄窄的岩石顶，面积只能容得下十来个人，在最高的尖端处，我都不敢站直身子。群峰在脚下呈现各种姿态，在云海中时隐时现。云从我们身边飘过，从头顶飞过，速度快得惊人。突然，人们惊呼了起来，原来，在我们脚下的山峰上面，出现了一道亮丽的彩虹。豆同学忍不住发出一声感叹："真美啊！"然后他在岩顶的四个方向来回转悠，并少有地掏出手机来拍摄，久久地陶醉在大自然的美景中。

而我，不敢像他那样自如地转悠，都是半蹲着四周环顾了一圈之后，就躲在略低处的岩石裂隙中，坐下来休息。感受头顶上云卷云舒的节奏，感受毫无遮挡的猛烈阳光肆意地照在身上，感受带着细微雨点的大风吹动我的衣衫。不一会儿，豆同学也坐了下来，惬意地说："好不容易上来的，要多待一会儿哈！"说着把耳机递给我说："你要不要听一听，这个音乐特别应景。"他还非常配合地跟我在峰顶标志前合影。

那一刻，我多么庆幸自己做了这样一个选择，多么庆幸我在关键时刻没有退缩，没有被过往绑架，而是勇敢地专注于当下。我相信豆同学在这个过程中一定有所收获，也相信此刻的感受会成为豆同学人生路上一段重要的记忆。

第六章

生活篇

01
不肯剪头发的男生

　　从豆同学婴儿期开始，我就是他的御用理发师，因为他一直拒绝去发廊剪头发。记得第一次他发现我给他剃了个光头时，看着镜子里的自己，哇的一声就哭了。现在想起来，我当时为了省事儿，是多么不保护他小小的自尊心啊！而他因为害怕去发廊，就一直委曲求全，每隔一个阶段，就要度过几天没有头发的日子，虽然我一直认为他小小的光头很好看。4岁左右的时候，他开始拒绝理发了，每次都是实在长得不行了才勉强同意剪。当然光头是断然不同意了，从此开始变成小平头。

　　一直到14岁的一天，我在给他理发的时候，不知怎么回事，给他剪秃了一块。尽管他表示没什么，我还是决定引咎"辞职"了。14岁的男孩，发型还是很重要的。我这个御用理发师从此下岗。这以后就是他经常顶着一个"鸡窝头"去上学，炎热的夏天，他也是顶着热得湿湿的一头乱发，不到万不得已，也就是不到学校要检查、不得不剪的时候，他是绝不肯去理发的。学校经常检查仪容仪表，只要能蒙混过关，他就拖一天是一天。我也不着急，如果学校能过关，他自己又不在意，有什么关系呢？相信他迟早有一天会开始在乎的。

这一天终于来了。

有一天，他问我："妈，你说我这头发为什么老翘着呢？"

"发质的原因吧。"我说。

"那我岂不是就没可能留长一点的头发，长一点就翘起来多讨厌啊！"他担心起来。

"嗯，是够烦的。所以有的人会吹干头发免得睡乱了，有的人早上起来洗头，有的人会用发胶和摩丝，还有的人永远剃小平头。"

"不，我决不再剃小平头！Never！"

"为啥呢？"

"因为显胖！"

原来如此，我终于明白了为啥他不肯剪头了。因为以前总是剪小平头，他并没有发现一个自己认为很帅、很好看、不显胖的发型，而通常刚理完发的时候头发都是偏短的。对比来说，他觉得自己头发长一点更好看。所以他宁可不剪也不要冒不好看的风险。

不是每个不想理发的孩子的原因都一样。据我了解，有的是因为不喜欢被人摆布的感觉，尤其是在头上搞来搞去的，有的是害怕无法面对一个自己认为难看的发型，有的就是觉得自己头发长一点更好看，有的是反抗父母的反复催促，有的是跟学校的检查玩心跳，还有的是不喜欢理发师一直唠唠叨叨，还有的就是纯粹懒得去理发……

"好吧，虽然我不这么认为，但是我尊重你的感受。"我无奈地说。于是在理发这件事情上我彻底放手，把自主权交给他。只要学校能过关，只要他自己觉得好看，长或短又有什么关系。然后，突然有一天，他问我："你说我该剪个什么样的发型比较好呢？"

"我觉得男孩子理小平头是最精神的。"

"不，决不！"他断然回答。

"好吧，那我就真不知道了。"我老老实实回答。

然后我好奇地问他，"为什么你突然考虑剪发的问题了呢？"

他有点不好意思地笑笑："他们有人笑我。"

我也笑了："笑你的头像鸡窝？"

"不是，他们说像摩霍克人。"

哦，还真挺像。

至此，剪发问题终于解决。到如今，每到差不多的时候，他就自己安排个时间去理发。曾经特有的"莫西干头""鸡窝头"都已成为过去式了。

那天，我们翻看旧照片，他惊异地指着自己的照片说："我那时候头发怎么这么长！"我张了张嘴，笑了。

02

晚不睡，早不起的夜猫子

晚上不睡

"怎么又出来了？"

"拿毛巾。诶，爸，你说东德和西德没有合并的话，现在会怎样？"

"现在不讨论这个好吗？快点去洗澡，很快就十一点半了。"

"哪有，你们太夸张了，刚过了十分，你们就说半，等过了半，你们就说十二点了。"

一语中的，我也认为我们的确很夸张。因为总觉得晚上上床睡觉前的时间过得太快了，通常稍一磨蹭就到十二点了。而睡得晚意味着他明天早上又难起来，或者起来了上课也不够精神，长此以往影响发育，影响健康……一系列的想象会牢牢攫住我们，让我们俩忍不住催促。

从豆同学说要去冲凉开始，到他真正进去关上门，总是要经过一小段时间。这是我和豆爸十分纠结的一段时间。这段时间里孩子难得轻松且比较有兴致聊天。因为上完一天的课，又写了一晚上作业，总算是心里轻松了起来。如果加上我和他爸难得都在的情况下，小子在这个时候就进入了一天中话最多的状态。古今中外的话题都能想起来，政治、历史、人物、事件，各种观点跟我们交流。

以前还有一起吃晚饭的时间可以聊天，自从开始上晚自习以后，就真的只剩下晚上这一小段时间了。所以，一方面我们也很珍惜，内心很享受这个机会，希望能够跟他有尽量多的交流。而且，青春期的孩子还愿意跟我们聊天，本来就值得珍惜。可是，另一方面，又特别担心因他睡得太晚而可能产生一系列消极的影响。而他，就在我们焦虑的情绪中，顽强地保持着自己的节奏。通常是一趟一趟地到客厅里来，一会儿是喝水，一会儿是去阳台拿毛巾，一会儿是拿干净衣服。我们就这样矛盾着、焦虑着，直到他最后把洗手间门关上，淋浴声音响起，才松了一口气。

有时候想想，孩子真不容易。每天这么忙，还在努力跟我们沟通交流保持连接。而我们，明明那么爱他们，那么想跟他们有更多的共度时光，可是为了那些可怕的想象，那些似是而非的道理，那些内心的恐惧和担心，一次又一次地把孩子推开，只是为了让他们在我们认为更正确的轨道上按部就班地生活。不然我们就不安心，就害怕面对各种可能的后果。我们也是很不容易啊。

由此想到，在青春期的家长课堂上，家长们集中抱怨的一个问题，就是孩子拒绝沟通。之前我们会一起来分析可能的原因，是情感联结出了问题？是孩子说的话没有得到重视？是孩子习惯了没有机会表达因而丧失了沟通的兴趣？是孩子被我们不恰当的方式所伤因而不再信任我们？是家长习惯性地在沟通时的打断、评判、忽略，让孩子不愿再尝试了？

也许都有。但还有一个很重要的发现就是，当我们在说青春期孩子拒绝沟通时，真的是孩子拒绝沟通吗？或者，这个问题可以换一个说法，那就是，青春期孩子只是拒绝在我们指定的时间，用我们指定的方式来沟通。

早上不起

豆同学早上起床这件事，经历了很多阶段。小学是一叫就起，初中是我各种尝试。直接叫醒，叫两次三次，用音乐唤醒，用早餐的香味唤醒，用收音机的新闻唤醒，等等。这些方法有时候有效，有时候无效。结果是，随着他功课越来越多，可睡觉的时间越来越少，就越来越叫不醒了。

高中，我把这件事交还给他自己，豆同学就开始不断地折腾、尝试。他试过上三个相同时间的闹钟，试过上三个不同时间的闹钟，试过用自己最喜欢的雄壮音乐，试过把闹钟设得超早，而目标起床时间是半小时以后……

在这个过程，我不再像以前那样抱怨指责他，而是看到他的努力。我也不像以前那样去干涉，企图使他用我觉得正确的方式。之前，我总认为在他本来就短得可怜的睡眠时间里，在自己的目标起床时间之前半小时，甚至四五十分钟叫醒自己，是一个很不科学的做法。因为我自己的体验是，早上醒了以后再睡着，要么睡得更沉，更难在目标时间醒来，要么会一直不敢再睡得太沉，以致这个时间段的睡眠质量也不是很好。所以，我一直企图说服他不要这样做，实在是心疼他这么折腾自己。

可是他一直坚持如此，并坚持说自己喜欢这种睡回笼觉的感觉，就是觉得舒服。于是我放弃了再干涉。的确，我的想法只是基于我自己的身体体验，并不代表一定就是对的，更加不代表适合每个人。为什么我要剥夺孩子自己去尝试和体验的机会呢？

所以，我不再在这件事上跟他较劲，基本上他每换一种方式我都表示支持。谁知道呢，也许这就是最适合他的方式。虽然他有些时候成了，有些时候败了，但至少他一直在努力。

催促起床，我想几乎每个父母都干过类似的事情。

对于我来说，最吃惊的是孩子初一到初二的转变。他初一的时候，我每天做好早餐叫他起床。那时候他起床不算费劲，可是吃早餐时悠闲的状态常常令我内心焦虑。眼看着再不出发就该迟到了，他还在那里一口一口，不急不慌，细嚼慢咽。我有时候就跟自己说，嗯，细嚼慢咽是好习惯，我不应该干涉，我忍。有时候实在忍不住了就催,结果可想而知,本来是希望大家一起愉快地开始一天的,结果变成一早就不开心了。然而,到了初二,这件事情突然就来了个大反转。人家开始每天早上狼吞虎咽地吃早餐,有时候我看着又心疼,忍不住劝他慢一点。

当我们总是用自己心中唯一正确的标准去衡量孩子的时候,我们的孩子是有多不容易啊!以我们三四十岁的认知水平和人生经验,尚且很难做到不偏不倚、刚刚好的状态,还经常顾此失彼,或者前后矛盾。何以我们总是去期待我们的孩子就能做得那么完美恰当呢?

到了高三,学校的晚自习要到十点。回到家豆同学跟打仗一样,迅速地冲凉睡下,通常已经是十一点以后了。早上他安排自己五点起床,背书跑步。于是,晚上不睡,早上不起的状况彻底改变,变成了标准的晚睡早起。

而我,只能默默祝福他。加油,孩子,找到你的最佳节奏,向着你的目标冲锋吧!

03

丢三落四的糊涂虫

模拟考的早晨

初三模拟中考的那一天早上,风清气爽,阳光明媚。没有想到,它却可能成为儿子难以忘怀的一个早晨。

因为是全区的模拟考试,学校安排学生要比平时提早很多到校,也就是说天还没亮就要摸黑出门。并且,考完口语之后上午就没事了,下午只剩一门他最擅长的历史。为此,他已经兴奋了好几天,前一晚说起来也开心得很(因为要提早到校,因为考完试很轻松。有时候孩子的快乐就这么简单)。

他六点起床,早早地去了学校。然后,爸爸接到电话,说是忘了带准考证。二话不说赶紧送过去,我则负责联系老师。回来后,爸爸还担心地说，不知道他赶不赶得上。我说，没关系，赶不赶得上对他来说都是一个教训。最大的代价就是考不成，也没多大事，相信他一定会从中学习到以后该怎样做的。

二十分钟以后，电话再次响起。要身份证……

我赶紧叫车，爸爸再次出门去送……想象着孩子此刻该有多么焦急、懊丧、担心和害怕，我的内心从一开始有点恼火到平静到替他难过到变得更加平静。类似这样的小概率事件，也许我们这一生中多少都会遇到。有时候无论多么用心准备，仍然会有可能出现一些狼狈的局面。这种关键时刻，不去教训和抱怨，而是伸出援手，让孩子感受到有支持，等事情过后再来慢慢讨论以后可以怎么做，这是我当时告诉自己应该做到的。

关于这件事的讨论

后来我把这件事发了一条朋友圈，引起了热议。有说自己当年专升本考试忘带准考证的，有说孩子的准考证直接在洗衣机里洗烂掉的，有说直接丢了找不见的……更多的是对这件事情如何处理的提问和讨论。

我将这些问题的问答大致整理如下：

（1）这种时候应该提供支持吗？会不会让他觉得有依赖，以后不会吸取教训？

答：这种时候必须支持！

孩子经常丢三落四也好，偶然如此也罢，在这种重大时刻，坚决地站在他的身后，给予支持，让他感觉自己不是孤立无援的，是被爱被关心的，这是青春期孩子十分需要的定心丸。这个时候的支持并不意味着以后就纵容他的缺点，包办他的所有事情。

当然，在平时，我们有很多方法可以培养和训练孩子的责任心与自我管理能力，提前计划和做准备的能力。在事后，我们也可以跟孩子一起来总结，从中可以学习到什么，以后可以怎么预防。比如"正面管教"家长课程里学习的头脑风暴（跟孩子一起讨论如何避免这样的事情再次发生）、启发式提问（通过启发式的问题帮助孩子梳理自己的思路，找出解决方案）、家庭会议、解决问题七步骤等。

有时候，我们可以让孩子承担与他们年龄相应的后果，尤其是平时一些事情上，比如说上课时忘了带书、带作业，甚至平时的考试漏带了东西，等等。但不是如此重大的时刻。

（2）发火不可以吗？回来以后责备不应该吗？在家里如果没有一点逆耳之言，将来步入社会，谁能保证他做错了事情还可以不挨"骂"？

答：可以发火，可以有逆耳的话，但，想一想目的是什么？是自己发泄情绪，还是希望孩子吸取教训？如果我们希望孩子遇事从容，勇敢尝试不怕犯错，犯了错误之后聚焦解决方案而不是后悔抱怨或迁怒于人，如果我们希望他们学会情绪管理，不乱发脾气而是真实平静地表达，那么我们就要示范给他们看。

当然，没有人能做到完美，实在憋不住发脾气也可以，想批评也可以，只是心里要清楚，这种方式都只是在舒缓和发泄我们自己的情绪，并不一定能达到我们想要的教育效果。

出现这样的情况，孩子自己一定也很难过。父母在这种时候，施与援手，除了让孩子感觉到自己被爱、被关心、有支持之外，同样是在示范给他看，让他明白当遇到别人也发生这样的事时，自己可以如何对待。

孩子会在不断的经历中学习和进步。所有的经历，无论是成功的还是失败的，都是他们探索自己人生道路的积累。是的，总会有"骂"他的人，这是他将来会经历的。正因为如此，我们才更要让他学会如何面对，并且因为内心有爱而强大并有力量应对。

（3）即使"骂"他只是发泄我的不满情绪，那也是他应该承受的，因为他将来也会承受更多人的情绪啊！

答：承受情绪有不同的方式。了解和理解，就可以化解，不受干扰和伤害，同时能平静以对，更能看到对方情绪掩盖下的需求，知道如何去沟通和满足。不了解、不懂得，就容易被别人的情绪干扰，看不到情绪背后的真正目的和需求，不知如何应对。我想我们都是更希望孩子学会了解和识别情绪，不被情绪左右，从而聚焦在问题的解决上吧。

每个孩子都是独特的，每家情形也不一样，孩子所处的发育和发展阶段也各不相同，所以没有放之四海而皆准的真理，只有不断摸索而修正的方向。而"从错误中学习"的确是一个非常重要的途径。所以，处理这件事最理想的方式是，晚上回来后，跟孩子一起坐下来，听一听彼此在这件事中的感受和想法，探讨一下有什么办法可以避免类似的事情再次发生。

当气氛友好，情绪平静的时候，我们容易做得更好。所以，下次孩子再丢三落四时，试试不责备他，而是和他一起找到问题根源，探讨出养成好习惯的方法，看看会有什么结果。

04

有一种冷叫妈妈觉得冷

冷暖自知的孩子

不知从什么时候开始,豆同学每天晚上要问我们第二天的天气预报,以准备好早上要穿的衣服。有时候他爸爸很烦他这么认真,会不耐烦地说:"什么气温你自己早上不会感觉吗?一定要靠天气预报吗?"豆同学同样不耐烦地回答:"对,我不会感觉,就要靠天气预报!"看着爷俩较劲,我暗自好笑。

广州的气温,是最难穿衣的。尤其是冬天,大部分时候,气温都跟夏天差不多,却有可能在一天之内升降十几摄氏度,或者在一周之内经历四季。经常会出现穿得很多时突然升温的情况,然后就有了热得脱了一层又一层的衣服没地方放的麻烦；或者出现穿得太少时突然降温的情况，人就会冻得直哆嗦。所以，孩子主动承担起照顾好自己的责任，并且想出了用每天了解天气预报的方式来解决这个难题，不是最好不过的事吗？

有家长曾经问我，为什么自己家孩子大冷天的非要穿个短袖去学校呢？跟他怎么说都没用，他非说不冷！我笑着说，人家可能就是不冷嘛！

当然，这后面还有各种可能。比如，青春期的孩子想显示自己厉害，扛冻；比如，他们几个同学打赌，谁穿外套谁认怂；比如，他心仪的那个同学也穿着短袖，他可不能让人看不起；比如，他所佩服的那个同学，从来都是一件短袖，太潇洒了；还有可能就是单纯地想反抗我们的控制，你要我穿，我偏不穿！……

孩子们有时候可能自己都弄不清楚自己是怎么想的。所以，如果想知道为什么，只有保持开放的心态，用怎样都能接纳的态度去问一问孩子，用尊重的语气去跟他们沟通。最理想的，当然是把这个问题交给他们去思考，把照顾好自己的任务交还给他们自己。

在孩子成长的十几年里，我给孩子穿衣的基本原则是不冷就好。上学以后就只是提醒，最终怎么穿由孩子自己决定。所以，试过几次穿得不妥之后，他就开始自己想办法。有时候我发现，这样一来，我和他爸爸的话他反而会更注意听，当发现这样会影响他时，我就尽量更少地发表意见，以免影响他的判断。

尊重孩子的感受

事实上，我们经常会在有意无意中影响孩子对自己的感受。最典型的句式就是：

"妈妈我怕！"
"不怕！男子汉大丈夫有什么好怕的！"

又或者是：

"这不公平！"
"怎么不公平啦！你比弟弟大这么多，还好意思跟他争！"

还有：

"别垂头丧气的啦，这点小事都经不起，以后还怎么干大事啊！"

所有这些话，都是在对孩子说：你不应该害怕，你不应该感觉到不公平，你不应该难过！你有这些感受是不对的。时间长了，孩子就会对自己的感受产生困惑，开始怀疑自己的感觉。慢慢就对自己的不好的感受感到羞愧，对自己的判断没有信心，接下来的结果大家就可以想到了，慢慢怀疑自己，就很难长成一个自信的孩子，一个相信自己能力的成年人。

更严重的结果是，所有这些负面情绪和感受，并不会因为我们的否认而消失，而是被压抑进了孩子的潜意识里，成为一些隐形炸弹。它们可能在某个时刻突然被引爆。这就是为什么我们会见到一些莫名其妙发脾气的人，或者是看起来反应过激的人，还有那些因为鸡毛蒜皮的事情大发雷霆甚至犯下罪行的人。

所以，如果孩子小的时候我们错过了教会孩子表达感受，那么当孩子到了青春期，我们该停止用我们的感受去替代孩子的感受，用我们的标准去衡量孩子的感受，或者用各种方式妨碍孩子表达自己的情绪。相反，我们要允许孩子表达自己，因为，感受就是感受，它没有对错。

当孩子说不冷的时候，请相信他。

当你觉得冷的时候，自己去穿秋裤吧。

05
一步到位还是小步前进

  高二第二学期，豆同学突然宣布他要开始减肥。这是他人生中第一次减肥计划，他用的方法很传统：管住嘴，迈开腿。控制饮食，每天跑步，天天量体重。平心而论，他只是有点小胖，但既然他自己不满意，并且愿意付出努力去改变。我当然是义无反顾地支持。更何况，我私下也认为他瘦一点的时候的确更帅。

  第一个星期很顺利，几乎是以一天一斤的速度在减。他很开心，也充满信心和斗志。然后，遭遇第一个瓶颈期。连续两天，体重没有变化。他有点着急了。我说："嗯，我在辟谷时第一周天天不吃，体重也不变时也是这种心情。真正开始撼动体重以后又会经过一波三折。别的我不敢说，减肥这事我有太多体验了。"

他说:"那怎么办?我已经不可能再减饭量了。"

我说:"坚持就好,肯定会减下来的。"

"嗯,好吧。我这两天都跑 10 圈了。"

"哇,真好。如果再做做平板支撑,减肚子可能会更快。"

豆同学严肃地说:"不。我先把跑步坚持下来就不错了!不是你说的吗?BABY STEP,要小步前进吗?你怎么又想让我一步到位呢?"

我有点尴尬。是哦,我又贪心了。

"妈,你有没有发现,你总是跟我说要小步前进,可是每次我做个什么事,你就想让我做这做那,最好一下就什么都做到。"

"呃,好像真是呢!好在你这次意志坚定,不受我影响,还能反过来提醒我。"

反思了一下,尽管我教给家长和孩子从一小步做起,在他们受打击的时候鼓励他们,在他们对孩子或者对自己求全责备的时候安慰他们,提醒他们看到自己的进步,可是我对自己和自己的孩子,却经常忘了这样做。

"BABY STEP",顾名思义,就是像婴儿学步那样小步前进。还记得孩子刚刚学步时我们是多么容易满足,会为他们迈出的颤颤巍巍的一小步而欢欣鼓舞,而孩子就在我们这样的鼓励中,一步一步地走了起来。

我感觉自己正在用的时间管理 APP 就是"小步前进"方法的应用。它的确帮助我提高了工作效率。它把时间分成了 25 分钟一小段,每一小段的时间利用率高了,整体的效率就高了。所以实际上由原来的一大步变成了很多个一小步。感觉更容易集中,更容易坚持，同时也更有信心完成。

以前经常跟家长说，从一小步开始，不要贪多，不要期望摇身一变就成了完美妈妈，不然我们会不敢开始，或者一遇到困难就容易沮丧。现在我才体会到了另一层意义：不要想得太远，不要制订一个宏大计划，要从眼前开始，奔着一个极小的目标去就好了。可是，回到豆同学身上，我就不同了。每次发现他一点新的进步，我就开心地去鼓励他，同时开始去指导，目的是希望他就此再接再厉，再做多一些，做得更好一点。殊不知，这一方面剥夺了他对自己的控制感，另一方面让他有了要更多更好的压力，从而让他产生在短期看不到进展的焦虑和沮丧，让他更容易放弃。

是啊，能够把一个简单的小步骤坚持做下去，更容易维持自己内心的平和稳定，日久天长必然会见到效果。而不停地追求更高更远，更容易带来焦虑和浮躁，反而对于坚持没有好处。事实证明，豆同学的策略是对的。他坚持了8个月后，在原来的运动量上，又逐步增加了新的内容。他说："我觉得凡是不能长期坚持的减肥都是没用的，所以我不能用太激进的办法。"这真是让我对他刮目相看。以前老觉得他不是很能吃苦，不能坚持。可是他这8个月来的稳扎稳打，小步前进，既有章法，又有毅力。眼看着他的体重降下20多斤，我真是由衷地佩服。

由此想到，孩子们身上还有多少闪光点没有被我们看见呢？也许只有等我们真的能做到总是关注正面的时候，才会发现，我们的孩子其实是有多么好啊。感谢孩子的提醒，也感谢自己在孩子面前保持着一种学习和尊重的态度，使我们彼此能够成为学习伙伴，共同进步。

第七章

网 络 篇

01
对于"手机上瘾"的不同理解

关于手机,我跟豆同学已经有过无数次的讨论。有时候我们很理智很平和,有时候很火爆很生气;有时候我们能达成一致,有时候不能;有时候约定执行得不错,有时候以失败告终。

有一段时间的周末,豆同学又一次说服了我将手机交给他自己管理。结果就是,他从房间走到客厅的路上在看,喝水在看,上厕所在看,晾衣服在看,拿毛巾也在看。看到他恨不得一秒都不能放下的样子,我的心那个抓挠啊,心说这简直就是瘾君子的形象嘛!然而既然预先同意了,我只能咬着牙忍。周六晚上,问他的作业情况,说是完成不到一半。

我问什么原因。

"我也不知道，就是很慢。那你觉得呢？"
"你知道我想说什么。"
"我知道啊，你肯定就是说手机嘛。"
"那么你不认同？"
"我不认同。就算没有手机我也一样。"
"你确定？"
"我确定！"

好吧，我暂时闭上嘴。我知道他一直以来对作业的抵触。即使没有手机，他也有课外书，没有课外书，还有报纸，没有报纸，还有别的……当他不想写作业的时候，有没有手机根本不是重点。然而，我还是奢望地假设，如果没有手机，他能更快地完成作业。尤其是看到他分秒离不开手机的样子，真的担心他上瘾。

我曾经问过他："为什么你这么离不开手机呢？你又不玩游戏。"他说，因为这是他与世界保持联络的途径。

"难道没有它你就觉得跟世界断了联系吗？"
"是的，因为我要看的东西都在上面——知乎，百度，模联群，朋友圈……"
"不看会怎样呢？"
"会感到自己在一个孤岛上。"

这正是我担心的。我担心他离了手机就没有了生之乐趣，就没有办法正常生活。

可是，我自己呢？试想一下，如果我没有了手机会怎样呢？我现在的工作、学习、生活、朋友、亲戚，哪一样不在手机上呢？如果没有了手机，我又如何能够进行正常的生活呢？虽然还可以阅读、逛街、美容、锻炼、通过电话与学员联系、用手提电脑写东西、通过邮件发通知……可这都是需要大量的时间才能够实现的，无疑会大大降低效率。青春期的孩子，每一天都从早自习开始，到晚自习结束，再加上作业，每天睡觉就只剩下六七个小时，又哪有时间去做别的呢？如此想来，手机真的是他们与外界联络的最便捷最省时间的通道。

我又想到十几年前，我还在为 80 后的下属明明在一个公司里，拎起电话两句话就能解决的问题，非要用 QQ 联络，发过来发过去而感到恼火，可是现在我也是能用微信讲就绝不打电话了。

时代在变迁，每一代人都有自己的生活习惯和方式。当我们的孩子一出生睁开眼睛就看到手机时，又怎能阻挡他们将手机视为生活中最重要的工具呢？又何至于担心他们因此变成手机的瘾君子呢？

事实上，现在我们大家几乎都离不开手机了，那又怎样呢？就像当年我们的父母对我们的担心一样，我们又把我们的忧虑带给了下一代。而事实恰恰是，一代更比一代强。现在的孩子们，庞大的知识量、独立的思考能力、查找信息的能力等，都远远强过当年的我们，甚至强过现在的我们。

经常有家长咨询同样的问题，表达自己内心的焦虑。仔细询问之下才发现，大部分孩子都没有家长在焦虑状态中形容得那么糟糕。有的孩子每天玩一个小时就被家长定义为"上瘾"，而有的只是周末玩两天，也能让家长疯掉。当家长能够冷静下来，不带情绪地客观描述孩子对手机的使用状态时，就会发现，其实大多数孩子玩手机的时长都在正常范围内，最多也就是每天放学回来看看，或者平时不看只是周末看。毕竟学校也在管理这个问题。

当然也有极少数真的上瘾了，就是除了看手机什么都不干，或者不给手机就要拼命。这种情况下，我仍然要说，不是手机的错，而是父母的养育方式和父母跟孩子互动模式出了问题，父母与孩子的联结出了问题。果真如此的话，也不是靠摔烂或者没收手机，甚至送去电击就可以从根本上解决的，爱才有可能是解决这个问题的唯一途经。让孩子感受到爱，重新找到归属感和价值感，才有可能真正帮助孩子从对手机的沉迷中走出来。

那么，既是如此，我们就不用管孩子的手机使用了吗？还是要管的。因为他们毕竟是孩子，我们毕竟是监护人。他们的大脑皮层还没有发育完全，负责时间管理、统筹计划的前额叶皮层还没有长好。因此，他们会玩得忘了时间，他们会在明知该放下的时候舍不得放下，他们会在一边做功课的时候一边忍不住去看，他们还可能会在半夜偷偷起来玩儿。所以，我们不能放任，我们要管。只是，我们要换一个方式来管。不是高高在上的、声色俱厉的，我说你做的监管，而是相互尊重的，相互理解的，共同商讨的协管。也就是在感受到爱和尊重的基础上，充分倾听双方的需求，一起讨论手机的使用和管理办法，然后从中挑出双方都同意尝试的方式，试用一小段时间，然后再根据实际情况进行调整。

这个过程可能要不断反复，就像我跟豆同学一样，但是，只要爱在，只要联结在，我们就能在这个过程中不断前进，摸索出更利于孩子学会自我管理的方法，最终达到让孩子实现自我管理的目标。在这个过程中，父母面临的考验其实很大。首先是自我的情绪管理，其次是言出必行，和善而坚定地坚持，最后是允许孩子在失望时发泄情绪。

很不容易，但是值得努力。并且，孩子自己也在努力中。

02
怎样避免孩子玩游戏上瘾

一天,我看见豆同学在看一个视频模样的东西,一问才知道,他在听一个历史游戏"游牧风云"。这是武汉大学一位历史博士,专门在网上给大家讲解历史游戏。豆同学觉得听他讲比自己玩更有意思。

豆同学从小也玩游戏,从小学的摩尔庄园,到赛尔号,到初中的建筑类游戏、城市管理类游戏,一直到一个跟世界版图变迁有关的大航海游戏,等等,他都玩儿过,但从来没有上过瘾。

我想主要原因有三个方面。

第一,他从小就有一个一直坚定不移的爱好——阅读。还在他2岁多的时候,我们就经常在家附近的书店里度过一个又一个周末的下午。而家里的书也是四处都有,随手就可以拿起来一本读。这个爱好一直延续下来，他的阅读偏好也随着长大的过程由自然到地理到天文到历史，初中以后就聚焦在历史上了。所以，任何时候，只要有可供阅读的东西在，他就不会感到无聊。

第二，我们在游戏上面一直持开放态度。游戏在这个时代避无可避，很多游戏的开发团队甚至有心理专家加入，专门针对玩游戏者的心理层层设置，让人步步深入，欲罢不能。在这样的情况下，一味地围追堵截是没有用的。去了解和发现孩子能够从中得到什么，从而了解孩子内心的需求，再去从其他方面满足孩子的需求才是更有效的途径。

我们都知道游戏里对人的鼓励远远比我们自己要做得不遗余力，对于满足人的成就感这一点也是步步为营。一些在日常生活中很少得到关爱和鼓励的孩子，一些很难在其他方面找到价值感的孩子，更容易沉迷在这种成就感和鼓励中，陷进游戏里面不能自拔。所以，我们以前经常跟孩子聊游戏，了解他对所玩游戏的感受和想法。在他主动说起的时候，我们也认真地倾听，并鼓励他更多地尝试。

记得他在12岁的时候，有一天突然感叹说："爸爸，我觉得做一个市长也不容易啊！"我们很好奇地问："哦，何出此言？"他说："我玩的那个游戏里，市长想建一个电站，可是市民又是抗议又是游行，不让建。如果不建，这个城市的GDP又上不去，真是伤脑筋啊！所以，我才知道，当个市长也不容易呢！"又有一次，他感叹他玩的另一个游戏里面，如果没有几面同时兼顾，就会出现整个建筑倒塌的问题。而对于大航海游戏里，世界版图的变化，他更是有很多的感慨和想法。

每到这种时候，我和豆爸都是认真地听他说，并且真心认为，他从游戏里面学到了很多东西，同时因为他选择的游戏大都是通过自己的思考，不断解决问题，超越自己的，所以我们一直持鼓励态度。如此一来，他对游戏的态度一直就是可有可无，很少有特别放不下的时候。

第三，我和豆爸一直致力于在家里营造互相尊重、平等合作的气氛。我们虽然也犯过许多错误，并且现在还在继续犯错误，但从来没有停止过向孩子表达爱和关注。即使我们会有冲突，甚至有彼此伤害的时候，我们最终都会通过表达爱的方式和解。这使得豆同学在家里的归属感还不错。

这对于青春期的孩子来说尤其重要。因为青春期的孩子特别在意的就是，有人爱我吗？有人喜欢我吗？他们可能会交替出现自卑与自负的心理，可能会对自我价值感产生怀疑，还可能会有无边无际的孤独感。在这样的时候，他们很容易投向虚拟世界，沉迷在一些游戏里找成就感。所以，让孩子有自己热爱的事情，让孩子感受到爱和关注，在家里和学校有归属感和价值感，让孩子对游戏有一定的自主参与和选择的权利，也许就是我们能做的。

即使我们不知道能做什么，至少经常向孩子表达爱，给予孩子关心和支持，真正与孩子在一起，多听少说，让孩子在家里有归属感，感受到来自父母的爱和认可。这更有可能避免孩子玩游戏上瘾。

03
如何跟孩子一起管理电子产品

"妈,我有一个想法,你愿意听一下吗?"

"嗯,你说吧。"

"你今晚能不能把手机给我用一下?"

我警惕地问:"为啥?"

"因为我状态很不好。反正我也看不进书,不如看一看手机。"

我犹豫了。这是我的软肋,每次听到他说心情不好、状态不佳、情绪低落的时候,我就开始莫名地心疼,就开始犹豫自己要不要让步。而很多时候,我会真的让步……但是此刻,有一个声音在我内心响起:不,不能这样。

于是，我很坦诚地说："不，我感觉你又来动摇我了。不行，你状态不好就干点别的，看看有什么其他方法能让自己感觉好起来。不能是手机，因为我们有约定。"

豆同学笑了，说："为啥呢？反正我也不会写作业的，还不如用这个时间来看一下手机，等状态好了再写。"

我也笑着说："NO，因为我们的约定是作业写完之前不拿手机，所以不行。"

然后他叹了一口气说："好吧，你确定吗？"

我温和而坚定地说："是的，我确定。"

他有些失望地离开了。我提醒自己闭上嘴，相信他可以处理自己失望和低落的情绪。很快，见到他拿起了一本课外书，是他喜欢的《大外交》，我在心里长长地舒了一口气：我终于做到了。

做到这一步真的不容易。

以前，我们这方面冲突并不大。他在初二之前，并不认为自己需要常常拿着手机，对游戏也没有很大的瘾。直到初二暑假过后，这件事才成了我们必须面对的问题。我们在互相尊重的基础上，确切地说是以他为主，制定了一个管理规定。包括每周一到周四不玩儿，周五到周日每天晚上十点半前关机睡觉等。然而，执行起来，却经常出问题。

有时候是他要赖，有时候是我没有坚持原则，总之就是发现，虽然有了规定，却经常半途而废。后来，我开始觉察自己，到底是什么问题在阻碍我们。也许很多家长觉得制定管理规定的过程本身就已经是个挑战，因为他们要放弃作为家长的权威，真正去倾听孩子的声音，并且以尊重的态度邀请孩子一起来参与制定。这的确不容易。但是我自己的体验是，制定过程并不难，真正困难的是制定完之后的执行。

因为我们都期待培养出一个言出必行的孩子，一个自觉遵守约定的少年。我们都希望可以一劳永逸，最好是签订一个协议，双方签字按手印，然后永远相安无事。但是我们经常忘了，青春期孩子的前额叶，也就是理智脑部分才刚刚开始发育，平均还需要漫长的近十年的时间才能完全成熟。事实上，他们中的绝大部分都还没有具备这样的"硬件"条件。

因此，如果我们希望按照约定执行的话，责任方只有一个，那就是我们自己。因为我们是孩子的监护人，我们有责任和义务跟孩子一起去面对他成长道路上的各种困难，提供必要的协助。所以我们自己需要担负起这个执行约定的责任。

我们家的手机管理规定已经经历了很多版本。这其中，有豆同学的不断尝试，有我的几度挣扎，还有彼此的情绪失控。但是，无论怎样，我们仍然在一种互相尊重的基础上，保持着对这件事情的协商态度。

豆同学提出过各种方案，我每次都同意尝试。在我看来，只要是他在想办法，他就是在努力探索自己在这件事情上实现自我管理的可能性。尽管在尝试过程中，总是会出现这样那样的情况，使得一个又一个办法宣告失败，但其中的主要原因，是大部分时候，作为家长的我们，并没有做到和善而坚定的坚持。

  我知道，这一次我只是险胜了自己，我暂时战胜了自己的内疚感和因为心疼而产生的放弃原则的念头。以后还会有更多的考验。这样的过程，是协助孩子的过程，也是帮助自己的过程。在这样和善而坚定的过程里，孩子一步一步地学会自我管理，而我一步一步地放手。最终他和我都得到了成长。

04
孩子说话不算数时怎么办

周日的清晨。

儿子在客厅里用手提电脑赶他的社团文件。我在房间的床上辗转反侧。说好的周末早上补补觉呢？说好的做完作业再做别的事情呢？每次都有理由，今天不过是在重演。

学校周五布置的功课他已经完成，今天必须赶一个社团文件出来。而且，他昨晚就完成了功课，已经有进步。模拟联合国社团是他的挚爱。他们目前在组织筹备一次模联大会，周一到周四又不拿手机和电脑，今天的功课也完成了，要求破例做两小时好像不过分。

然而，我们的约定是，周五晚上休息，自由安排时间，周六日完成所有功课之后才能干别的事情。这周还有之前欠下的功课，说好周末补上的，周五晚上我在他看手机时特意提醒过——社团有什么事要做吗？周日晚上要按时睡觉。

以为他会对那次周日晚上赶社团文件的教训记忆深刻；以为我上次的坚持会让他知道我们的约定必须执行；以为周五晚上提醒之后他仍然很逍遥，应该不会有什么问题。可是，他又一次提出了不符合约定的请求，而我，又一次让步了。我明明知道这个坑在哪儿，可还是掉了进去。

那时候，我已经教了三年多的"正面管教"课程，很多方法我都已经运用自如，亲子关系非常和谐，孩子也一天比一天进步。唯独这一点，和善而坚定地坚持约定，我经常做不到。在家长课上，父母们谈到最多的也是这一点：

"说好的只玩一个小时电脑，可是时间到了根本放不下！"

"明明约好了只看一集，可是看完之后又耍赖，不给还发脾气！"

"规定是十点睡觉，可是他从来都不遵守！"

"约好十一点以后不看手机，可是他竟然半夜偷偷起来看！"

……

我总是耐心地回答：

"我们的约定是以相互尊重为前提的吗？"

"是充分倾听了孩子，了解了他们的想法，理解了他们的需求吗？"

"我们诚实地表达了自己的感受和想法吗？"

"是一起头脑风暴，共同想出的办法吗？"

"是双方都愿意执行的吗?"

"有试行的时间吗?"

答案都是肯定的话,就到了最关键的一步,和善而坚定地执行。是的,和善而坚定地执行,这是一件多么困难的事情,因为,这件事情的责任方,在家长。理由很简单,因为孩子们的大脑还没有发育好。

我们的大脑最高级的部分,叫前额叶皮层,它负责规划、组织、控制、管理时间、调节情绪等所有的理智功能,它的发育从12岁左右开始,到25岁左右才完成。所以,要对一个时间管理的承诺负责,我们的孩子还不具备"硬件"条件。

当然,还可能有一些不利的"软件"。比如,家长自己不守信用,或者随意退让,再比如,孩子不守诺言带来的后果总有人帮他收拾,等等。那么,要让孩子信守诺言,除了良好的示范,从小养成习惯,有利的环境之外,就只有靠家长的坚持了。而家长的坚持,太难了!有很多的坑,一不留神就会掉进去。

对我来说,第一大坑就是,内疚。看到孩子因为愿望得不到满足而产生痛苦和愤怒的情绪,我内疚;想到自己多年在职场拼搏,疏于陪伴和训练,导致孩子没有养成良好的学习习惯,我内疚;觉察到明明是自己为了方便也经常破坏约定,却在孩子违反约定时大光其火,我内疚;发现自己想做一个好妈妈,却又想偷懒,想用规定来达到一劳永逸的效果,我内疚;明白自己在对孩子做出超出他发育事实的要求,还要为他达不到而责备他,我内疚。

这么多的内疚，我怎么可能把这件事情处理好呢？内疚是所有情绪里杀伤力最强的。这一点，作为一个学心理学的人，我太知道了。于是，我又为我的内疚而内疚。

尽管我是一名正面管教导师，尽管我教给了很多家长和善而坚定地执行约定的方法，尽管我自己无数次地实践，但在执行约定这件事情上，我的进步却相当缓慢。很多时候，要么轻易放弃，任孩子越走越远；要么声色俱厉，一屋子鸡飞狗跳。

直到 2017 年暑假，在黄山天都峰脚下的又一次冲突中，我终于战胜了内心的煎熬，坚持住了。结果就是我们俩都胜利登顶，愉快地看到了绝美的风景。花了三年的时间，终于有了一个质的飞跃，这让我无比欣喜，同时也更加有信心，在接下来的时间里，每周、每天，继续经受大大小小的考验。

孩子的学习状态明显在改善，顾此失彼、什么也没搞好的情况在好转，长期熬夜、睡眠不足的问题也在解决，虽然他还是会经常想耍赖，而我还是会有失守的时候。事情并没有完美解决，但是，我们都有了很大的进步。

个体心理学家德雷克斯的女儿 Eva，在 2017 年全球正面管教年会的演讲中，有一句话击中了我。她说，完美是一种罪，所以，做到了最好，做不到也没关系；只要我们有觉察，只要我们在不断向前。

有人说，真不容易啊，每天要跟孩子斗智斗勇。

而我想说，不，我们不是在跟孩子斗智斗勇。因为，我们要战胜的不是孩子，而是自己的心魔。因为控制我们的并不是孩子，而是我们自己的情绪。

它可能是内疚、愤怒，也可能是沮丧、无力……它的背后是太想做一个好妈妈的渴望，是爱孩子的心。

所以，我们不是站在孩子的对立面，而是站在孩子的身旁，与他们一起面对成长中暂时的不完善，一起面对人生中刚刚开始，以后还会不断遇到的困难，一起磨炼意志、一起披荆斩棘，一起去战胜自己，赢得一次又一次胜利。

重要的是，我们都是爱孩子的父母，我们都希望帮助孩子做好他自己。当我们做到了，最终，孩子就能做到。

第八章

沟通篇

01
一言不合就翻脸,到底啥情况

豆同学进入初二以后,情绪有些不稳定。

有一天放学回来,我给他开的门。站在门外的他,冲着我比了个扮帅的姿势:"大帅哥回来了!"

"大帅哥回来得正是时候,饭好了!"
"太好了,今天吃什么?"
"你猜?"
"红烧肉!"

说着他高高兴兴地到厨房帮着把饭菜端到饭厅去。就在他一边干着这些的时候,我顺嘴说了一句:"诶,今天××老师发短信,说你的作业没交哦。"

没有想到的是，小子竟然一下子跺脚大喊："哎，都是那个科代表最讨厌了！"

我被他的反应吓了一跳。看了他一眼，没有任何表示，该干啥干啥。

很快，饭菜摆好了。我们开始吃饭。

豆同学没有动筷子，迟疑了一下，说："妈，我不是冲你的哈！"

我一边吃饭，一边温和地看着他说："嗯，我知道。"

他开始吃饭。过了半分钟，他又停下来说："妈，对不起啊！"

我继续吃饭，微笑着说："我接受你的道歉。"

两人继续吃饭。他又说："是这样的，今天我的作业已经交到科代表那里了，不知道为什么他没有交上去。"

"哦，你已经交给科代表了啊？是什么时候交的呢？"

他犹豫了一下，说："是下了第一节课以后交的。"

"那会不会是因为这个原因呢？"

"可能吧。"

"那你打算怎么办呢？"

"我明天去问问他吧。"

"嗯，还有吗？"

"我下次尽量早点交……"

"嗯，好。"

这样类似的场景，不止一次地出现。

我知道孩子这时候已经开始进入激素分泌比较混乱的时候。荷尔蒙的作用，让青春期的孩子情绪极不稳定，容易大起大落。有时候很高冷，有时候又很贴心；有时候超自信，有时候又极自卑；有时候兴高采烈，有时候又低落忧郁。同时，他们的身体发育也在急剧变化。蹿个儿、发胖、长痘儿、变声……所有这些都会给他们带来各种各样的困扰。再加上家长的不理解与自己独立自主的愿望之间的冲突，也给他们与父母的沟通带来障碍。对自己的期望越来越高，却达不到，对父母的管束越来越不耐烦，却挣脱不了。面对如此复杂的状况，孩子就很容易变成小火药桶了。

更何况，我们很多家长也是当仁不让的爆破手，特别擅长点着导火索。比如这样的对话：

"今天我们班张老师没来！"

"哦。为啥没来呢？你作业写完了吗？"

"我今天在路上看到一个人好搞笑！"

"什么人啊？你怎么还不开始写作业啊！"

"妈，你快来看这个！"

"看什么呀？这有什么好看的，你作业还没写吧？"

"爸，你看我帮你把这个整理好了！"

"哦，好。你还是赶紧写你的作业吧，这个不用你操心了！"

"妈，我这本书破了！"

"怎么又破了，你怎么这么不爱惜东西！作业怎么还在写，老是拖拖拉拉的！"

无论孩子说什么，家长都能回到作业上去。相信这样的场景大家都不陌生。可以想象，这样做的结果要么就是直接点燃火药桶，要么会让孩子很受打击，情绪受阻，间接地在别处爆发。

所以，孩子一言不合就翻脸，不是一个人的原因，而是双方的作用。我在文章一开始的场景里就是一上来就用问作业成功点爆了火药桶。好在学习了这么久，我知道该如何收拾这个爆炸的局面。

试想一下，假如我们对于孩子的激烈反应也变得很激动，不问情况就直接指责他明明自己犯了错还态度恶劣，再居高临下地说他一顿，那么这顿饭会变成什么情景，接下来的晚上又会是一个什么气氛呢？

想要跟孩子愉快地聊天，首先，我们自己不要去点火药桶，不要整天只盯着学习这一件事。其次，在孩子反应激烈的时候，要保持平静，闭上嘴、打开耳朵，多一些好奇心、少一些评判。这样孩子就不会只受荷尔蒙的控制了。

02
明明自己犯了错,为啥态度还那么凶

周日下午,我锻炼回到家,儿子在玩电脑,爸爸在看 iPad,一派闲适祥和的景象。走到阳台,我看到走之前放进洗衣机里的衣服洗好了还没晾,就叫儿子过来晾。过了好一会儿,儿子才磨磨蹭蹭地过来,开始晾衣服。一边晾着,一边叹了口气说:"唉,好烦啊!"

爸爸听到,用很夸张的开玩笑的语气说:"唉,你还要怎么样呢?啊,碗我也帮你洗了,电脑也让你玩儿了两个小时了,你还不满意,你要怎样才能满意呢……"儿子一脸的苦笑,夸张地求饶说:"爸——,您能不能不要一听我抱怨,就恨不得把我说成个千古罪人啊!"一旁的我笑趴了,爸爸也乐了。我庆幸儿子已经有办法应对我们对他的不合理期望,而且是用这种幽默的方式轻松地化解了自己的情绪。

在这件事中，我和他爸爸的不合理期望就是，在要儿子停下他爱玩的电脑，做他不想做的家务的时候，还期望他能心平气和，最好是能兴高采烈地去做。也就是说，我们不希望听到他的抱怨，不接受他有不满情绪。

这样的事情在生活中俯拾皆是。在批评孩子或者对孩子有一些他们不太情愿的要求的时候，我们通常很害怕看到孩子不高兴，因为这会让我们感到挫败或者愤怒，而这挫败和愤怒的背后，其实是内疚，是我们觉得自己对孩子不够好。当这种内疚产生的时候，我们会本能地防御，更加愤怒，而愤怒的出口就是指责，或者唠叨，又或者上演苦情戏（如本次事件中的爸爸）。让孩子感觉自己不应该生气，不应该不满，不可以抱怨，更不可以摔笔、摔本、摔门。

相信大家对下面这些话一点儿也不陌生：

"你这么瞪着我干吗？"

"你明明错了还说不得啊！"

"你凭什么生气啊？"

"你摔门给谁看呢！"

其实，扪心自问，当有人批评和指责我们的时候，即使是我们自己做错了，对方如果用的是不尊重的方式，或者是不恰当的语言，我们是不是也有情绪呢？当有人要求我们去做一些自己不情愿做的事情的时候，我们心中会不会也有不满呢？

那么，我们该如何面对孩子的这种情绪，处理他们的抱怨呢？

我的体会如下：

（1）觉察。孩子的表情、动作和语言都在告诉我们他此时的感受是什么。

（2）允许。认可孩子在这样的情境下可以有这些负面情绪。

（3）接纳。接纳这种情绪下孩子的表现，接纳这些表现可能引起我们自己的反应，接纳自己在这种情绪下的压力。

（4）坚持。接纳并不代表我们要放弃自己的要求。当我们对孩子的要求是双方之前一致认为合理的，或者是必须执行的约定时，我们要坚持。

（5）从始至终，保持态度和善，尤其是在第4步的时候。

具体的做法因人因事而异。"拥抱""幽默"和直接表达感受等都可以有很好的效果。比如，文中的这件事情，当儿子抱怨的时候，我们可以什么都不说，只是对他耸耸肩，给一个理解的微笑。也可以过去拍拍他的肩膀，或者搂搂他，同时轻松地说："我理解你的感受，是挺烦的哈。"也可以故作严重地过去拥抱他，开玩笑："你太可怜了，快来抱一下哈。"还可以根本不做任何反应，相信孩子可以很快处理好自己的情绪……

当我们能够轻松地对待孩子的抱怨时，就会发现，他的抱怨会越来越少。而当我们能够冷静处理孩子犯的错时，孩子的态度会更冷静，也更能够从错误中有所学习。

03

一问三不知,怎么破

2016年夏天,我去美国参加正面管教国际年会和智库研讨以及导师认证培训。大学同学来机场接我。路上,他问我此行的目的,话题自然就讲到了育儿新方法上。

听到我介绍启发式提问时,他断然地说:"这招对我家孩子肯定不灵。"

我问:"为什么呢?"

他说:"因为我家闺女问什么都说不知道。"

我有些意外,因为他11岁的女儿特别优秀,成绩拔尖,是花样滑冰队的主力,还会弹钢琴,拉小提琴。这样的孩子,听起来感觉不会是问什么都说不知道的。

于是，我问他："着装呢？她对穿什么衣服没有自己的意见吗？"

"她每天的衣服都是我准备的。"

"那买衣服的时候呢？"

"也都是我帮她买的。"

我又有些意外。想了一下，每家情况不同，每个孩子也都不一样，我还是不要妄下定论。

于是我说："嗯，或许吧，每个孩子不同。你可以再试一试……"

在年会和智库研讨结束之后，导师认证培训之前，我有一天的休息时间。这一天，就我和小姑娘在家。早上，我睡了个懒觉起来，大约八点半左右，看到小姑娘趴在沙发上看书。我跟她打招呼："早啊！吃早餐了吗？"

"早！还没有。"

"那我们今天吃什么呢？"

小姑娘想都没想，回答说"I don't know"（我不知道）。

我说："哦，那想一想？"

然后我走到桌前，也拿起一本书翻起来。5分钟以后，我问："怎么样，想出来了吗？"小姑娘犹豫了一下，说"I don't know"。

我说："那，再想5分钟？"

5分钟后，我再问："想好了没？咱们吃什么呢？我好饿呀！"

小姑娘想了一下，起身走向了冰箱。她拉开冰箱门，从冷冻室里取出了一包速冻包子和速冻饺子。我说："啊，你想吃这个？"

"嗯，可以呀！"

"好，那咱们就吃这个！……你知道怎么加热吗？"

她摇摇头。

我问："你们家有微波炉吗？"

她把微波炉指给我看。

我说："嗯，我们可以用微波炉加热。不过，如果我们蒸热它们可能会更好吃。你们家有蒸锅吗？"

这次她毫不犹豫就从一个柜子里取出了蒸锅。

"哇，看起来你对家里的厨具很熟悉呢。那你知道怎么蒸吗？"

她摇摇头。

"来，用这个蒸锅装一些水，然后把包子放在蒸架上。今天你负责早餐，我负责午餐怎样？"

她动作麻利地把包子蒸上了，然后我们各自看自己的书。

大约十几分钟之后，我问："好了没？"

她走过去打开盖子看了看，摇摇头，说不知道。我告诉她拿一根筷子扎进去试试。她试了一下说："我觉得还没好。"

我在旁边看着其实是可以了。但是我想这时候好没好不重要，重要的是让她自己做判断。所以我说，那就再蒸一会儿。又过了一会儿，我再问。这次小姑娘自己试了之后肯定地说："我觉得好了！"

我欢呼："耶！那我们可以吃了！"然后小姑娘用筷子把包子夹在餐盘里，端到了桌上。

我祝贺她说："哇，你看，是你准备的早餐呢！我们拍张照片给爸爸妈妈好不好？"小姑娘害羞地笑了，我也轻轻地舒了一口气。孩子比我们想象的要能干得多，就看我们给不给他们机会了。

在家长课堂上，每次学到启发式提问时，都会有家长表示同样的疑惑。因为很多孩子都不知道如何作答，尤其是从小并没有习惯被提问的孩子，到了青春期，不仅不习惯回答，还可能会很不耐烦。

这时候，家长的耐心等待和启发很重要。除了等待，还可以把问题拆分得更小，更容易回答，一直拆分到孩子可以很容易做出选择。这至少是启动了孩子自己思考的第一步。

如果孩子对于自己的事情经常都是经过这样的思考，那么日久天长，他们自然就会形成自己思考的习惯，遇到问题也会主动寻找解决方案，而不是依赖别人。此外，孩子一问三不知还有别的可能。比如，跟父母关系不够好的情况下，基本上不大可能进行这样的聊天。或者，虽然关系不错，但父母不善于沟通，经常尬聊，一句话就把天给聊"死"了，所以一开口孩子可能根本没兴趣回答。比如，父母已经在很不满的情绪里，一开口就让孩子感觉到强烈的指责意味，那么孩子的防御机制会立即启动，可能以沉默来保护自己。比如，孩子本身在一个不良的情绪状态中，心思正沉浸在自己的事情里面，所以也不大可能有积极反应……

每家孩子不同，每种情形不同，需要我们用心去观察和体会。听起来还蛮累的，但你会发现这样做太有价值了。

04
明明搞不定，却拒绝帮助，着急

"我要孩子读英语的时候大声读出来，背单词的时候最好手里拿一支笔，一边读一边写，告诉她这样才能记得牢，可她偏偏就是不肯听，拿着本书一声不吭地看，都不知道看进去多少，急死我了！"

"孩子自己在图书馆借了一部小说的前几集，看完后借不到后面几集了，就想让我买给她。但我不想让她看这样的书，觉得看了没啥积极意义，就不同意给她买。于是她就跟我闹脾气。我这明明是为她好，她怎么就不懂呢？"

"孩子每次洗澡的时候都不拉上帘子，溅得整个洗手间都是水，每次都是我跟在后面收拾。这么简单的事情说了无数遍都没用，我真是不知道该怎么办了。"

"那么冷的天气，他非穿着短袖出门，死活都不肯加件外套，结果就感冒了。说他还说不得，唉！"

……

在家长课堂内外，父母们经常会找到这样的共同话题。一方面他们为找到为同样问题烦恼的伙伴而感到欣慰——原来不只是我的孩子这样啊，另一方面他们也感到迷惑——现在的孩子怎么了？为什么这么难管啊？

作为一个青春期孩子的家长，我太理解其他家长的所作所为所想了，因为我自己以前就经常干这样的事情。从催促功课到包办生活，从思想争锋到行为控制，从一遍又一遍地唠叨说教到忍不住怒发冲冠。

其实，孩子们没怎么，他们只是在经历正常的发育过程。在《十几岁孩子的正面管教》这本书里，青春期的种种叛逆行为被称为"个性化"。简单地说，就是一个人认识自己是谁、发现自己想要些什么、探索自己能干什么的过程。

在这个过程里，孩子们会以各种方式挣脱父母的控制，去发现自己，试探自己的能力。有时，甚至用一种与以往的教育或者家庭价值观截然相反的方式来找存在感。他们貌似不听话、不懂事、不礼貌、不孝顺的背后，其实都藏着一个渴求：我长大了，请尊重我，我自己的事情让我自己决定！

当感觉到自己没有被尊重的时候，他们可能会采取各种不正确的方式来表达自己的郁闷和追求自主的渴望。诸如发脾气，故意不按父母说的做，故意将父母告诉的方式做出一个不好的结果，甚至故意说些伤人的话。还有一些孩子可能以沉默相对，或放弃沟通，或阳奉阴违，等等。

　　作为父母，当我们理解了他们在干什么、想要什么之后，是不是会松一口气呢？既然是正常，它就是必经之路，不要企图去控制和阻止。既然是一个过程，它就会结束，不用过分担心未来。不如放松下来，换一个角度看待这些问题，配合孩子一起寻找存在感和价值感。

　　我们再来看看下面几段对话：

　　"既然那么烦，为什么还要早上一遍又一遍地叫他起床呢？"

　　"因为他赖着不起，一不留神又容易睡着了呀！"

　　"然后呢？"

　　"然后就迟到呀！"

　　"迟到了会怎样呢？"

　　"迟到了多不好，会挨批评的呀！"

　　"谁会挨批评呢？"

　　"为什么你不同意她买这个款式的衣服呢？"

　　"因为这种款式不合适她呀！"

　　"是谁来穿这件衣服呢？"

　　"为什么要没收孩子的足球杂志呢？"

　　"因为他一门心思都在这个上面，会影响学习的呀！"

　　"这个结论是怎么得出来的呢？"

　　"因为他最近学习就是退步了……"

"孩子是怎么看待这个问题的呢？是不是可能还有别的原因呢？"

很显然，除了对孩子的控制以外，包办也妨碍了他们的自主，阻碍了他们探索自己的能力。我们都是从错误中学习，一步一步地摸索经验，增强能力的。如果现在因为爱孩子而包办他们本该自己处理的事务，舍不得让他们犯错误、受挫折，那么将来当他们独自面对人生的时候，信心从何而来？

所以，孩子的问题就交还给孩子吧！这既是他们自己的意愿，也是我们的长期养育目标。作为父母，我们不都是希望孩子长大以后能够阳光、健康、独立、自律、有责任、敢担当吗？那么，从现在起，勇敢地放手吧，让他们去摸爬滚打，让他们去走弯路、犯错误。只有这样，他们才能真正体验属于自己的人生。

05
出问题时我们关注的是什么

豆同学高一加入了学校的社团组织，模拟联合国。这是由一些热爱历史和政治的孩子们组成的一个社团。他们定期举办或者四处去参加其他学校的社团举办的模拟联合国大会，不同的团队代表历史上不同时期、不同国家的外交使团，模仿在联合国开会的形式，讨论历史上的一些重大问题。热爱历史的豆同学在这个社团里很有归属感，他不仅积极参加，还通过竞选担任了一个管理职务。

在这个社团里，他跟小伙伴们探讨历史和政治，外交和人物。很多时候，听到他们在语音中讨论问题时，我的脑海中就会冒出这句诗，"书生意气，挥斥方遒"。除此之外，他还学到了功课以外的很多有用的本领。所以，尽管社团活动占据了他大量的时间，或多或少影响了他的学习，我和豆爸仍然全力支持他。

高二的一天，他第一次单独带队去深圳参会。从订房订票，到安排出发的时间和方式，到先去打前站，他一手包办。我和豆爸一方面为他高兴，另一方面也忍住不去给任何建议，只在他主动问我们的看法时才提供我们的想法供他参考。

两天的会议顺利结束了。在该回来的这一天下午，我们发微信给他，问他们的行程。五点多时他回复说，六点多的高铁回来，并告诉我们当时小伙伴们正在KTV唱歌，而不爱唱歌的他在一旁看。我有一点点担心地问，六点多的高铁你们还不出发吗？他说，高铁站就在旁边。我也就放心了。

六点半，他在我们一家三口的群里发信息，说没赶上车。我很意外，脑子里冒出的第一个问题是：不是提醒你们了吗？怎么还是误了行程呢？这时候，他爸爸的回复已经发过去了。

"是你一个人没赶上，还是大家都没赶上？"

"就我一个人。"

"你现在在哪儿？"

"我改签了七点半罗湖火车站的车，正在过去的路上。"

"你吃饭了吗？"

"没有。我们回去要一起吃的。"

豆爸的几个问题及时提醒了我，于是我也说了一句。

"回来以后再跟他们一起吃，会不会太晚了？要不要在车上先垫一点？"

"好的,我上车以后看情况。"

放下手机,我不由得十分佩服豆爸。

我平时经常跟家长们一起探讨,当一件事情发生时,如何关注解决方案。关注解决方案是专注在当下我们可以做什么,而不是关注过去做了什么才导致目前情况的发生。同样,当孩子犯了错误的时候,不是去追究为什么会犯错,而是与孩子一起讨论现在可以怎么办。然后从中学习,以后如何避免类似的情况再次发生。

可是事情发生时,我第一时间想起的问题竟然是:为什么会这样?好在我有了一定的觉察,没有将这句话问出口。而豆爸,三个问题问出去,个个都是在关注当下,关注解决方案。远在异地,深处困境的孩子,第一时间感受到的不是家人的责难,而是关心和支持。

可见改变是一件多么不容易的事,尤其是我们这些青春期孩子的父母,半辈子的思维模式和沟通模式,要调整真的需要时间。所幸我们有伴侣的神助攻,还有学习能力比我们更强的孩子,他们从我们的学习和改变中也在学习和调整,并且能够反过来提醒和影响我们了。

06

也许，我们欠孩子一个道歉

2013年，豆同学上初一了。这时候也是我真正开始有大段的时间陪伴他的阶段。为了将我错过的时光补回来，我主动参与了他们班家委会的工作，与学校密切配合，争取尽量多的机会跟他在一起。

这样一来，好处是我可以更多地陪伴，更近距离地观察和关注他，及时体察他的需求，及时提供帮助；坏处就是这样一种模式，恰恰开始在一个他开始渴求独立，希望跟我们保持距离的年龄。所以，在亲子关系更加紧密的同时，矛盾和冲突也多了起来。

一天上午十点多钟，我突然接到了他班主任的电话，问我他有没有回来。我疑惑地问，这个时间不是应该在学校吗？老师说起了早上发生的事情，语气中带着焦急和担心。原来课间抽查英语背诵，他发现自己没法跟上小组的背诵节奏时，气急败坏地责怪背得快的孩子，被老师当场批评。他一扭头就冲出了教室。接下来是课间操时间，老师没有见到他，回到教室也没看见，就有点着急了，赶紧打电话给我。

我听完心放了下来，跟老师说："不用太担心，以我对他的了解，他是不会轻易离开学校的。如果下节课再见不到他的话，请老师再打电话给我吧。"

这时候有心的老师问了一句："这几天他好急躁啊，家里没有发生什么事吧？"一句话提醒了我，我顿时醒悟说："是啊，这两天他不好过。前天晚上我刚教育了他一通，昨天晚上他爸爸又教训了他一顿。"年轻有爱的班主任说："那您今天别批评他了吧，等他回去您跟他好好说吧！"我说："好的，我会好好跟他谈的。"

放下电话，我愣了半天神，一时竟然不知道该怎么办。打电话给豆爸，他正忙得焦头烂额，无奈地说："唉，你一会儿好好跟他谈谈吧！"放下电话，我仍然没有头绪。好好谈，谈什么？怎么谈呢？

我决定去拖地，就在简单重复的动作中我突然有了灵感。我意识到，我和豆爸先后对他的教训对他打击很大。想起曾经在书上看到过的，青春期孩子的大脑皮层正处在发育过程中，特别在意有没有人喜欢自己。当父母不断传递负面信息给他时，他可能在内心深处会发慌，"天啊，我在他们眼里原来是这样的吗？他们是不是特别讨厌我呢？他们是不是不爱我了？"想到这里，我知道自己该怎么办了。

我找到了一支笔和一张纸，准备给他写一封信。

在信里，我写了三个方面的内容。

第一方面，为我们家里这几天的不良气氛对豆同学造成的伤害给豆同学道歉。因为，为孩子营造一个温馨、平和、有爱的家庭气氛，是我们作为父母应该做的。

第二方面，我告诉豆同学，我和他爸爸有多么爱他。从发现有了他的那一天起，我们有多兴奋，有多么想做最好的父母。然而，这么多年以来，我们却在不知不觉中经常伤害他，感谢他的爱和宽容，一直都在原谅我们。

第三方面，我告诉他，犯错误是不可避免的。因为我们都是人，即使知道错了，我们也并不能保证以后就再也不犯。但是，只要我们不断地从错误中学习，我们就有信心越来越好。

最后，我邀请他以后提醒我们。

写完，我又认真读了一遍，把自己放在他的角度，感受了一下。然后，把信留在桌上出门去了。等我回到家，发现孩子已经在家做作业了。我等了一下，看到他似乎没有任何反应，忍不住问他："妈妈给你留了一封信在桌上，看到了吗？"

"看到了。"

"有什么感想吗？"

"没有。"

"哦。"

过了一会儿，他说："妈，你文笔真好啊！"

"哦。"我不知该怎么接了。

又过了一会儿，他突然说："妈，为什么你的脾气这么好，我的脾气这么不好呢？"

我心里一热，我在信里只字未提今天发生的事情，他却在反思了。

我想了一下，慎重地选择着字眼："我是这么看的。首先，脾气好坏就没有绝对。比如脾气再好的人也有急眼的时候，脾气再不好的人也有和颜悦色的时候。其次，我觉得你可能暂时还没有找到一个合适地表达自己情绪的方式。不着急，咱们慢慢来。"

豆同学听了，若有所思。继续写作业。

一周以后，我跟班主任通话时，老师惊奇地问我："他这一周状态可好了！又开心又快活的样子，您是怎么跟他谈的呀？"

放下电话，我内心十分感慨。我想我只是向孩子传递了三个信息。

第一，无论何时，我和爸爸都爱他。

第二，真诚地认错、道歉和感谢。

第三，告诉他，错误是学习的机会，让我们一起努力。

一年以后，在我的青春期孩子家长课堂里，当讲到如何与青春期孩子修复关系时，我又一次想到这件事情。我深深地感到，也许我们很多青春期孩子的家长，都欠孩子一个道歉，为我们过去十几年里犯下的错误。同时，也欠他们一个感谢，为他们这么多年真正无条件地爱着我们。无论我们如何对待他们，他们始终选择原谅和理解。

与此同时，我们也可以就此对过往画上一个句号，从头开始，重建我们与孩子的联结，建立起更加紧密的关系。让孩子在迷茫困惑的青春期里，同样感受到家庭的温暖、父母的爱，为他们探索自己的人生提供坚强的后盾和有力的支持。

07

爱和关心是如何磨灭勇气的

第一年

2015 年 7 月,我决定单枪匹马去美国圣地亚哥参加正面管教国际年会和智库研讨。

为了让自己此行更加丰富,我在网上搜寻到一个信息,那就是年会前,在离圣地亚哥不算太远的硅谷,有一个正面管教的讲师认证班。而完成这个认证班的课程之后,既可以坐飞机去圣地亚哥,也可以沿着著名的一号公路开车去圣地亚哥。完美!

我对于这个计划非常兴奋,开始报班、查线路、买票、订车、订导航仪。一切安排妥当之后,我联系了在圣地亚哥的朋友。他得知这个消息非常开心,热情邀请我住在他们家里,并提出建议,让我坐飞机到圣地亚哥而不是沿着一号公路开车,理由是太危险。

他说:"这条路真的很危险,你又不熟悉美国的道路和交通规则。"
我没有被影响:"不怕,我慢点开就好了。"
"你慢点开也不行啊,美国人开车很快的。你慢会影响别人,你会有压力的。"
"呃……我都已经定好车了,连导航仪都订好了。很想试一试呢。"
"好吧!"

我放下电话,心里开始有了一点点的担心。于是拿起电话问前一年刚刚全家沿着一号公路旅行过的闺蜜。她在电话里充满着关切和担忧。

"这条路的确很危险,我老公这样的老司机都是小心翼翼,觉得开着很费劲。你还是别冒这个险了。"
"可是我……有那么可怕吗?我很想去呢!"
"你去的目的是什么?"
"那条路美呀!"
"对呀,你是想去欣赏美景的。可是你如果紧张巴巴地一路都不敢放松,还怎么欣赏美景呀?"
"好像也是啊!"
"对呀!你跟个旅游大巴,一路上坐在车里,看个够,多舒服啊!"
我快被说服了:"我都租好车了,连导航仪都租好了。"
"退了呗!"

结果，圣地亚哥的朋友听说以后拍手赞成我把车退了，并且告诉我可以使用他们家一辆闲置的车每天去会场。就这样，我伟大的一号公路自驾计划宣布破产。后来是我另外一位在旧金山的朋友开车带着我游的一号公路。事情还没完。

到了圣地亚哥，朋友说："我看了一下酒店的距离不算太远，我每天接送你一下就行了。你别自己开车了。"

我跃跃欲试地说："不用吧，毕竟也要开半小时呢。我自己开好了。"

朋友坚决地说："算了，你不熟这里的路，上错一个路口可能就要半小时才找得回来。还是我送你吧。"

我张了张嘴，没有再说话。客随主便吧。

有一天，在接我回来的路上，上高速的路口临时封闭。我们兜了十几分钟才重新上回高速。朋友说："你看，我就怕这样的情况。连我都要找这么久，你自己怎么找得到。"我深以为然，于是心安理得地享受朋友的贵宾服务。

那年回国之后，有同行的朋友晒出她一个人在一号公路上全程自驾的照片时，我只能在心里默默遗憾。

第二年

2016年8月，我再一次去美国，这次是参加年会和导师晋级培训。临行前，我就在微信里跟朋友说，这次我自己来回，不要接送了。说实话，还是觉得老麻烦人家不好意思。同时感觉自己就算再不熟路，每天重复在两点一线开个车还是没问题的。出乎意料，朋友爽快地答应了。

到达的当天晚上，朋友笑眯眯地拿出一张地图。"来，我帮你查好了，从我们这儿坐公共汽车到你们开会的酒店很方便。中间只要转一次车，然后就能直接到你们酒店门口下车。"我疑惑地看着他。他笑笑说："是这样的，美国的公车特别方便。我们从这儿出发开车不用十分钟就可以到车站。车上几乎没什么人，又干净又舒服。我觉得还是比你开车要好。"

我说："啊？我想着这次终于可以自己开车了呢。"

朋友说："你先试试坐公车，如果觉得不喜欢再说。你要想过过瘾就每天开车去车站，把车停在那里，晚上再开回来吧。我就不送你去车站了。"

呃……好吧。

第二天早上，临出发前，朋友拿着车钥匙对我说："你不熟路，今天还是我送你去车站吧！"

"哦……好。"

第三天早上，朋友开着车在前面领路，我开着车在后面跟着。

第四天早上，我终于可以独自开车去车站了，有种兴奋的感觉。然而，连日下来坐公车，的确是又干净又舒服又方便，我已经有点喜欢每天上了车就放松下来看风景想事情的模式了。对于自己开车去酒店这件事好像已经没有什么欲望了。

直到最后一天，我自己的课已经上完，还有几个中国小伙伴在上课。前一晚我又动了心，跟朋友说："明天我不用赶时间，索性开着车出去，接上她们一起去购物吧。"

朋友仍然是笑着说："好啊，想开就试试呗！"然而，到了早晨，朋友又一次问我："你确定吗？有这必要吗？奥特莱斯你没去过，会不会找不到路呢？还不如一起打个的省心。"

那一瞬间，我突然感觉所有的勇气都耗光了。好吧，好吧，我投降。我不想去冒那个找不到路的风险了，我也不想再费劲巴拉、紧张兮兮地上高速了，我更加不想为找路耽误时间了。我已经习惯了坐公车的舒适、安稳和不用动脑筋，我也习惯了有朋友照顾着、接送着的安全感。不仅如此，此刻的我对于自己开车上美国的高速公路充满害怕和担心，我觉得自己不行。不仅是没有勇气了，而且还怀疑自己的能力。

我突然意识到我们作为家长，是如何用爱和关心一点一点地磨灭掉孩子的勇气和冒险精神的。

孩子们对于新鲜的事情充满了好奇，对于自己觉得能搞得定的事情总是跃跃欲试。青春期的孩子尤其富于冒险精神，更加急于去探索这个世界，探索自己的能力。然而，出于爱和关心，担心和不信任，我们很多时候都在千方百计地阻拦他们。有的时候是简单粗暴地制止，有的时候却是温柔地包办。不知道有多少孩子最终在我们的包办和打击中败下阵来，丧失了勇气和好奇心呢。

第九章

疑难杂症篇

01
考前焦虑

考前焦虑是从哪里来的？

来自家长、学校和全社会。

每年考试季，我都会很忙。一些学校和机构会组织关于家长如何更有效地陪伴考生的讲座，一些家长和孩子会寻求关于如何缓解考前焦虑的辅导。是的，在现在这个普遍焦虑的社会，考前焦虑的已经不光是孩子了，家长的焦虑更甚，学校和老师也有不同程度的焦虑。

从中考和高考时各大学校门口的送考队伍中就可见一斑。中国传统服饰中的各种美好寓意在此时都集中展现出来。比如，妈妈必穿旗袍，寓意"旗开得胜"，颜色必须有"大红大紫"；爸爸最好穿马褂，叫"马到成功"。每天穿衣的颜色也有不同讲究：第一天要穿红色，寓意"开门红"，第二天要穿绿色，寓意"一路绿灯"，第三天要穿灰和黄，寓意"走向辉煌"。

而学校和辅导机构的老师们，几乎一色的红T恤，各种暖心的送考动作。

各大媒体，提前好多天就开始预热，当天更是全面集中地对中考、高考进行各种角度和层面的报道。而交通、电力等市政部门，也有各种响应的配合举措，好像举全社会之力来保证这一场考试……

这样的情景，与其说是给孩子壮行，莫不如说是给自己松绑。这里传达出来的信息只有一个：我的任务终于完成，你的成败在此一举了，孩子，勇敢地去吧！你会成功的！

这样的氛围或许能给孩子们一种积极的心理暗示，但与此同时，压力也会同样增大。

我们经常跟孩子们说，考前不用紧张，放松一些，要用平常心来对待。可是，当家长、老师、学校、社会，集体焦虑，如此严阵以待，共同营造出背水一战的气氛时，孩子们又如何能拥有一颗平常心呢？

遥想我们当年的中考和高考，除了晚上早点休息，早上晚点到校，其他并没有什么不同。家长们照常上班，社会各界照常运作，孩子们像上学时一样三三两两去往考场，该骑车的骑车，该走路的走路。不会有人守在校门口，更不会有人等在外面就为了在两门考试的间隙送上一口水。那个年代，还没有空调，炎热的夏天，一边滴汗一边答卷，那才是真正的平常心吧。

现在到底是怎么了？难道是现在的高考录取率比以前更低吗？还是现在的孩子比以前更娇气？在我看来，都不是，而是现在的家长和社会氛围比以前更焦虑。

记得豆同学中考的那天，他并不是很想我送他去学校。可是家长群里早就在互相约了，作为班上家委的组织者，我不能免俗地跟去了学校，并且穿了一条红裙子。到了校门口才感受到那个声势浩大的气氛。

所以，如果我们希望孩子放松，以平常心面对考试，那么首先我们自己得先放下焦虑，放松心态。

如何应对考前焦虑

在临考前有一定程度的紧张或焦虑，属于正常的情绪反应，是不用担心的。因为适度的紧张可以维持兴奋度，让孩子增强学习的积极性，并且能够提高注意力。所以，无论是考试前还是考试中，适度的紧张是有必要的。但是高度焦虑和紧张，不仅会影响学习效率，而且可能直接影响考场的发挥。

考前焦虑通常会有如下表现：

发现自己复习时怎么也记不住而着急；发现自己复习了很多之后，反而好多原来会的现在都不会了而恐惧；因为一时半会儿看不到自己努力的结果而烦躁绝望；因为心里很着急，但就是使不上劲而崩溃。有的孩子还会出现头痛、腹泻或失眠等现象，另外，还有些家长会发现孩子在临考前不久突然出现早恋现象……

这样的情况下，就需要适度干预。有些干预基本可以自己完成，有些就要寻求专业帮助了。例如，练习腹式呼吸法，学习肌肉放松法，每天给自己积极暗示，穴位按摩，食物调理，等等。家长可以带着孩子一起做，也可以教孩子自己做。

从家长的角度来说，做好自己的安抚工作很重要。当家长能够保持淡定时，孩子才可能情绪平稳；当家长焦虑时，孩子更容易紧张。以下几个方面值得注意：

(1) 调整自己的心态，缓解自己的焦虑。

(2) 不过度关注孩子的表现。

(3) 留意孩子的反常行为。

(4) 提供良好的后勤支持。

(5) 寻求专业帮助。

具体做法可以参考以下几个方面：

(1) 保持和谐的家庭气氛，避免家庭成员之间不必要的冲突。

(2) 用美味而健康的早餐开始愉快的一天。

(3) 帮孩子做一些小事，传达爱和关心。

(4) 保持正常饮食，补给营养要适度。

(5) 用孩子喜欢的事情佐餐。比如听音乐、听书或者聊天。

(6) 允许孩子决定自己的作息时间。

(7) 对于孩子的合理要求，痛快地答应。

(8) 主动提出一些娱乐建议，提醒孩子张弛有度。

02
情绪低落

记得初三的时候,豆同学有一天明显心情不太好。给他开门时见不到平时耍帅的样子,问他只说别问了。他不想说,我当时就没有再追问。因为之前他就沟通事宜给我提过一条建议,就是在他心情不好而他明确表示自己可以处理,不想跟我说时就请不要追问了。

曾经有家长说:"我儿子也不知怎么了,每天给他好吃好喝,对他嘘寒问暖的,还整天黑着个脸。"还有家长说:"我女儿现在一回家就直接进自己的房间,把门一关,再也不像以前那样活泼爱笑了。问她什么,她都说:'哎呀,你别问了,我自己搞定就行了。'"家长们说这些话的时候,流露出来的重重的失落和淡淡的伤感,我都有非常深切的体会。

孩子们长大了,开始进入青春期。不再整天粘着我们,走哪儿跟哪儿，也很少再像个小麻雀一样围着我们叽叽喳喳。路上遇到同学时他们迅速拉开跟我们的距离，学校附近的方圆一公里，我们最好不要靠近，甚至在学校门口假装不认识的事也不罕见……这也就罢了，最让我们心疼的是，他们开始咬着牙自己承受痛苦和烦恼，不再向我们求助了。

在青春期孩子的家长课上，父母们感叹，青春期的孩子烦恼一点儿也不少：繁重的功课，升学的压力，老师的认可，同学的认同，异性的关注，身体的发育，睡眠的缺失，兴趣爱好与学习的矛盾，跟家长的沟通，电子产品的吸引，自我成长的强烈意识与自我管理能力不足的矛盾……所有这些，都会给他们带来或多或少的痛苦和挫败感。

小的时候，他们会因为摔了一跤而哭，会因为受了一点点伤来向我们求助。可是现在，他们是青春期的少年了，在我们看来是"叛逆"的种种行为，正是他们在发现自己，探索自己的人生之路上的种种尝试。这其中，也包括勇敢独自地面对痛苦和烦恼。很多时候，他们自己在低落的情绪里，不希望被打扰。

这种时候，我们可以做些什么呢？

（1）不必太介意他们的态度，要允许他们有情绪不好，不想被打扰的时候。有时候，他们可能表现出某种程度的不礼貌，但这并不是针对我们的，而是他们可能正在为某些事情烦恼。我们不用去对号入座，或者做过多的联想。可以在事后，或者日常生活的潜移默化中教他们如何在情绪不好的时候不伤害到别人。

（2）适当地表示关注，并且认同其感受。在孩子受伤或者不开心的时候，我们出于爱，出于心疼，总是迫不及待地去安慰他。说一些貌似安慰和鼓励的话，其实是在干扰他们与伤痛和难过共处，承认和接纳不好的感受，从而实现自我复原的过程。

我也是这些年才慢慢懂得，这种时候，只要告诉孩子："我在这儿，我懂你的难过。如果需要，可以找我。"至于具体形式，取决于孩子的性格、当时的状态和我们与他一直以来的沟通模式，可以是默默地陪伴在一旁，可以是无声地拥抱，可以是你和他之间习惯的动作，也可以是留给他独处的空间。

（1）当孩子有交流欲望的时候，或者当孩子表示愿意聊聊的时候，认真倾听。不评判，不说教，不想当然。带着好奇心，尽量让孩子说，了解问题背后的原因，了解孩子的想法和他的困惑所在，把这当成一个帮助孩子梳理情绪和思路的过程，通过启发式的问题让孩子自己思考该怎样走出困境。比如，"你可以做些什么改变这样的情况呢？"或者，"你希望这种时候别人怎样帮你呢？""你觉得怎样可以让自己心情好一点呢？"

（2）当表达自己的建议时，可以说："你想听听我的看法吗？"说的时候尽量使用建议性的语言。如"我的理解是这样的，看看你怎么想""我是这样认为的，供你参考"，"要不要试试……""你愿不愿意考虑……"尽量避免使用绝对意义的语言。如"你必须""你应该""你不能"等等。

（3）如果孩子愿意的话，跟他一起头脑风暴想办法，然后由孩子决定选用什么方式去尝试，如果孩子愿意的话，注意跟踪尝试的结果。

（4）孩子表示不想说的时候，不要纠缠。尊重他的愿望，尊重他想自己独立面对和处理的勇气，并且相信他可以做到。同时也可以告诉他"如果你需要，可以随时找我。"

（5）最后，也是非常重要的一点。在日常的沟通中，如果能够经常对孩子表达爱，表示接纳，同时让孩子知道，困难是难免的，错误是可以犯的，无论多难办的问题都可以商量出办法，无论多大的错误都可以被原谅和想办法改正，并且可以成为学习的机会。那么他跟我们保持沟通的可能性就会更大一些。

有一次，豆同学期中考完数学回来，脸色很不好，开门进来直接就进房间把门关上了。我一看这架势，估计是考得不好。我在客厅等了一会儿，然后敲门进去，看见儿子趴在床上对着卷子发呆。我走过去默默地坐在他旁边，轻轻地抚着他的背。过了一会儿，他拂开我的手。我问："你希望自己待一会儿吗？"他说，是的。我说："那妈妈先出去买菜了？"他点点头。我轻轻搂了一下他便离开了。等我买完菜回来，他已经从房间出来，在客厅开始看课外书了。我也就舒了一口气。

而这一次的情绪低落，他显然也是不想告诉我原因。"好吧，小小少年，你的烦恼妈妈不知道也没关系，相信你自己可以独自面对和调整。虽然我要忍住内心的些许好奇和一点点的担心，但我会调整好自己，只要你知道，任何时候，我都愿意提供聆听的耳朵和温暖的怀抱就行。"

03
自残行为

"疼吗?"

"疼!"

"那为啥还要这样做呢?"

"因为这样才会让我感觉是活着的……"

坐在我对面的女孩,只有12岁。但是手臂上已经好几道伤痕。所幸的是,她告诉我,她已经有半年没有动过美工刀了。

我问她是如何戒掉的。她说:"我想,反正都没有人在乎我,我得自己在乎自己。"

"他们就算看到了我的伤好像也无所谓。我就想明白了,他们只在乎我弟弟,我还是要自己照顾好自己。"

听了她的话，我既难过又欣慰。难过的是，她的家人如此不警醒；欣慰的是，她从积极的方面应对了家人的反应。

我是在做了家庭教育这份工作以后，才知道有比例不小的青春期孩子有过多多少少的自残行为，其中女孩子占多数。女生常用的自残方式是，用美工刀在胳膊、腿或者身体的其他部位上划。为什么会自残？孩子们的答案是"没有存在感""很难受，不知道该怎么办""心很痛，痛得只能用这种痛来抵消""好像只有这样才有人来关注我一下""看到别人这样做好像没什么，就想试试""压力很大，觉得这样舒服一点""很多感觉说不清楚，也没人听我说""很压抑""觉得很不开心，跟好朋友一起越说越沮丧，就去弄了一把美工刀""我也不知道为什么，划完了才意识到"。

自残是一种比较极端的宣泄情绪的行为。不是憋得很难受的情况下，孩子们不会轻易做这样的事情。无论她们这样做是因为没有存在感，还是因为愤怒压抑得受不了，还是自我嫌弃，还是用来麻痹痛苦，还是逃避自认为无法解决的困难，不论她们是受别人的影响还是希望引起别人的关注，归根结底她们需要的都是被爱被关心，她们需要有一份能够滋养自己的良好关系。

所以，家长与孩子的关系在这时特别重要。如果家长能够让孩子觉得她是很重要的，她是父母所疼爱、所关注的，她遇到困难时是有所依靠的，她有情绪时是有人理解的，她的存在是有价值的……总之一句话，父母与孩子之间的沟通渠道是畅通的，关系是紧密和谐的，那么孩子自残的可能性就会很小。

如果发现孩子有自残行为，家长要注意的是：

（1）要重视，但不要反应过于强烈；

（2）不要企图说服孩子马上停止；

（3）要迅速修复亲子关系。通过表达爱，表达生活上的关心，通过更多地陪伴和帮助孩子等方法让孩子感觉到自己存在的价值和意义；

（4）给孩子提供其他宣泄情绪的机会；

（5）改变以往的互动模式，让孩子感受到更多的平等、尊重和自主权；

（6）向专业人士求助。

04

生死之问

初二的某一天,豆同学在聊天中突然聊到了生死的问题。他说:"如果不是因为我看过很多书,发现没有一种宗教会放过自杀的人的话,我真是觉得我这样的人没必要活着。"

我的心一紧:"你别吓我!"

他笑着说:"你放心吧,我既然能跟你这样说,就说明我不会这样做,不过我之前真的认真想过这样的问题。你看,我这样一无所长的人,生活在世界上,对社会毫无贡献,有意义吗?"

我真是既意外又感慨:我的孩子,已经开始思考人生的意义了。

于是我问:"那你后来是怎么想的呢?"

"没怎么想,就是发现我所看的所有的宗教类书里,主动结束自己生命的人都会万劫不复，都是要下地狱的。无论你信仰什么宗教，自杀都没有好结果，都不会得超生。所以我想，得，还是活着吧。"

那时候，豆同学13岁。我不知该如何形容我当时复杂的心情。意外、担心、欣慰，总之，很复杂。这是我第一次真切地意识到，青春期的孩子真的已经开始思考生而为人的价值了，这也是我第一次深深地感谢阅读带给孩子的帮助。

这以后，有更多的青春期孩子跟我讨论生和死的问题。他们说起自己在学校和家里那些受打击的时刻，那些感觉自己毫无价值的瞬间，还有那些因为无聊没有方向而产生的人生无意义的感觉。

而豆同学跟我之间关于这个问题的讨论，一直在继续。有时候，他会沮丧地说："每天这样活着有什么意思呢？"有时候，他会期待地说："以后到底会干个啥工作呢？"有时候，他会不理解地问："为什么会有这么多人狂热关注艺人呢？难道他们对社会的贡献比科学家、学者和其他行业的人还大吗？"有时候，他会很羡慕地说："以后要是我也能够熟练运用好几门语言就好了！"在跟我发生冲突时，他会气哼哼地说："我死了算了！"在平静的时候，他会跟我说："妈，你放心哈，我有时候说那些话就是解解气，说说而已。"有时候，他会茫然地说："我很清楚为什么不能去死，但是还并不知道我为什么而活。"还有时候，他会意气风发地说："我将来做的工作总得是能够为这个社会，为国家做点贡献的吧。"

每次听他说这些的时候，我就想，这孩子最近又读了些什么书？看到了什么现象？遇到了什么事情？跟同学聊了些什么话题？可惜，随着他功课时间越来越紧，我们能够交谈的时候越来越少。在他发表这些感慨的时候，我大都只是听着，没有时间去更深地提问和了解他的这些想法背后的故事。但是我想，这也没有关系。只要我们对这个话题一直持开放的态度，只要他愿意一直分享自己的思考和看法就好。

很多青春期孩子的家长抱怨孩子没有目标，每天浑浑噩噩过日子。还有的嫌孩子不努力不上进，对什么都无所谓。我想说，其实那都只是表面现象。事实上，孩子们到了青春期就已经开始寻找自己的目标了。只是每个孩子不一样，有些比较快就找到了，而大部分的孩子还在寻寻觅觅中而已。我们这些做父母的回顾一下自己的青春期，有几个是在小学中学就已经很清楚地知道自己为什么而活，为什么而努力的呢？甚至到现在，作为上有老下有小的中年人，我们每个人都很笃定地清楚自己生而为人的意义吗？

看到这里，我不知道你会不会跟我一样，觉得我们的孩子其实已经很棒了。他们比我们当年更早开始思考，比我们当年更有勇气去探寻。而我们所需要做的，只是看见和理解他们的努力，在他们需要的时候提供一些回应和指导。甚至，只需要提供一对倾听的耳朵就好。

在我所接触的青春期孩子当中，有很多苦于无人倾诉。当他们遇到困惑或者烦恼时，当他们想不清楚生活的意义时，当他们感觉四面楚歌时，如果我们让他们知道，有温暖的家在等着他们，有爸爸妈妈无条件地张开爱的怀抱接纳他们，有很多专业人士能够提供帮助……这么多人都愿意相信他们,倾听他们。那么,也许很多悲剧都可以避免。

同时,关于家长可以做些什么更具体的事情,孩子们可以有些什么思考的角度,我在2018年佛山男孩自杀事件后写过一篇文章,进行了详细说明。请看附文。

孩子,生命可贵,请珍惜!
——写给青春期孩子及其家长的五句话

开学季,网络上流传各种调侃的视频和文章,有把开学戏称为灾难片的,有父母自称终于解放的,也有对于新的一轮陪读心生惶恐的,还有大量的心灵鸡汤。而我的微信里,则是大量的求助信息,以及跟青春期孩子相关的各种不幸的消息。其中大部分是家长焦虑地求助:孩子不完成暑假作业的,孩子爆粗动手跟家长争抢手机的,孩子不肯去学校报到的,孩子主动要求见心理医生的……

对于这些求助,虽然我很想回应,但没办法一一回复。一是因为量太大,我实在没有那么多时间;二是心里恼那些家长——平时不肯来学习,甚至从来不露面,非得到这会儿才来问怎么办;三是明知道这样的答复并不能真正解决问题,充其量只能是暂时缓解一下燃眉之急而已,如果没有下一步的沟通和学习,没有从家长源头的改变,这些事情会一再重演。然而,想到那些无辜的孩子,那些心急火燎的父母,我又想要尽可能地回复。

另一类就是学员群里转发的不幸消息。就在开学前后,已经有三个孩子自杀了。之所以对佛山这个孩子格外关注，是因为9月2号那天家长报案以后，我就收到了找人的信息，马上转到了朋友圈，并且看到家长们纷纷转发起来。因此便在心里存了一丝希望，一直在心里默默祈祷，希望孩子能够想通回家。然而，昨天得到的依然是最坏的消息。

这个1米78的16岁小伙子，这个慎重留下手机和钱包独自出走的孩子，这个在遗书里还教给妈妈如何给手机充电的高中生，这个特意跑到外面一个无人的工地去寻短见，跟着三个感叹号地叮嘱"我不需要什么乱七八糟的葬礼"的少年，让我非常心痛。我看到了他在绝望的时候心里仍然牵挂着家人，看到他处理事情的条理、稳妥、细心，看到他对于周围人的在意，却唯独没有看到他选择离开的原因。

孩子，到底是什么让你如此绝望，让你如此决绝地离开你所牵挂的人，只留下一句话"该说的我都已经说了"？

逝者已然逝去，父母的伤痛可想而知。我不想去妄加猜测发生了什么，因为去探究过去的是是非非并没有意义。个体心理学家阿德勒说过：重要的不是发生了什么，而是我们如何看待这些事情，并且从中收获到什么。正面管教里有一个重要的方法"关注解决方案"，提醒我们把关注点从过去做错了什么转向当下和未来我们可以如何做。

所以，我只想对活着的人说一说，对青春期的孩子及其父母说一说。也许这些可以对你们有一点点提醒，一点点启发，让你们在失望中仍然感受到彼此的爱,在焦虑中依然看到希望,在一地鸡毛中记得还有诗和远方。

对孩子的 5 句话:

我亲爱的孩子们,我心疼你们。青春期对你们来说,是生命的馈赠,也是莫大的考验。你们当中,也许有的人正幸福得冒泡,而有些人正在这段独特的生命期内煎熬。

学习的压力逼得你们喘不过气来,身体的发育带来各种困扰,父母老师的不理解让你们感觉孤立无援,人际交往的困惑让你们生出烦恼,弟弟妹妹的出生让你们欢喜的同时也备感惆怅,电子产品的时代让你们必须抵御强大的诱惑,而胸中的大志总是被现实泼尽冷水……

然而,孩子们,生活不仅仅是如此,我这些年深度了解了几百个青春期孩子的家庭,接触了上万个父母,也许我比你们对他们稍微多一些些的了解。同时,我是一位学心理学的、研究家庭教育的 17 岁孩子的母亲,对人生、对家庭、对你们的了解可能也会比你们自己更多一些。我想对你们说 5 句话,这 5 句话供你们参考,或者你们因此会发现可以试着换一个角度来看待一些问题。

(1)你的爸爸妈妈和家人爱你远比你以为的要多。

无论你的成绩如何,无论你有没有弟弟妹妹,无论你做不做家务、听不听话,无论你有没有特长、上不上兴趣班。无论父母对你有多凶,话有多狠,看上去有多嫌弃你,无论他们有没有批评、责怪你,请你相信,在他们内心深处,他们爱你,他们那么爱你,他们根本不能没有你。他们只是不会表达，不懂得沟通。他们需要学习。

（2）你目前遇到的困境都只是暂时的，并且是大多数人都会遇到的。

人来世上就是一场生命的旅行，旅途中所有的际遇都是体验的机会。正如玩游戏时如果永远都赢，永远胜利，你会感到很乏味无趣一样，生活中若没有黑暗的时候，阳光也就不会那么珍贵。所以，用心去体会生活中的点点滴滴，即使眼前是痛苦和无奈，你也要相信太阳依旧会升起。生活就像通关一样，每一次的跨越你都会增长力量。所有的经历，最后都会成为你的珍贵回忆。

（3）青春期是人生的特殊阶段，而你是独一无二的你。要好好爱自己，珍惜自己。

你现在正在迅速发育，精力旺盛，有使不完的劲儿，对未来充满想象，对人生充满思考，对社会有很多想法，对异性充满好奇，这都是激扬的青春带给你的。

当然，目标很远大，行动很无力，常做白日梦，想得多做得少。又骄傲又自卑，情绪不稳定，经常冷漠脸，总感觉无聊，这也都是拜青春期所赐。

所以，你既不是超常的棒，也不是特别的糟，你只是一个普普通通的、独一无二的你，在经历着人生中一个珍贵的阶段。好好地爱自己，懂得欣赏自己，你就更能感受幸福和快乐，就会更加享受属于你自己的、独特的青春期。

（4）天无绝人之路，永远不要放弃希望。要相信，总会有人支持你。

即使有时候，家看起来那么冰冷，父母看起来那么不可依靠。即使有时候感觉全世界都背叛你，即使有时候找不到一面可以依靠的墙，你也要坚信：总有一颗心在默默关心你，总有一双眼睛在注视着你，总有一双手在随时准备提供帮助。所以，当你感到无望的时候，当你彷徨无助的时候，勇敢地求援吧，无论有多少人拒绝你，只要你坚持寻求帮助，你一定能找到有力的支持。你的父母有时候表面上看起来那么不愿意支持你，但其实当他们发现你真的需要，他们一定会义无反顾。

（5）学习一些情绪管理的小方法，做自己情绪的主人。

感受没有对错，任何情绪都是自然的，都是可以被允许的。而当你发现自己陷入负面情绪的时候，不要害怕，诚实地面对它们，允许它们的存在。然后找令自己最舒服的方式适当宣泄。只要不伤害自己、不伤害别人，你可以选择任何形式。想哭就哭，想喊就喊，打沙包、在操场上大叫、对着树洞倾诉、运动、听音乐、找人聊、见心理老师……这些方式都可以试试。

归根结底，孩子，你是被爱的，你是有用的，你是独一无二的。你的存在就是对家庭对社会的贡献，所以请你对自己承诺：永远永远不要放弃自己。

对家长的5句话：

亲爱的家长们，作为你们中的一员，我太了解和理解你们的感受。这些话我在课堂上说，在讲座上说，在公众号文章里说，在书里说，其实反反复复说了很多遍了。今天要再说，对你们，也是对我自己。

（1）请务必务必时常对孩子表达爱。

青春期的孩子看起来离我们越来越远，似乎不需要我们了。而实际上，越大的孩子越是需要感受爱，尤其是二胎家庭的老大。因为青春期的孩子最关心的就是"有人爱我吗？""我受欢迎吗？"所以无论是语言还是行动，无论是情感上的联结还是身体上的接触，都不要吝惜，很多时候，一个温暖的拥抱比钱和物质更加暖心。

（2）请关注孩子的优点，及时给予肯定和鼓励。

青春期的特殊性决定了孩子们比以往任何时候都闹心，但如果你上过课，了解青春期是怎么回事的话，你就不会那么焦虑了。没上过课就牢牢记住一条吧，青春期只是生命中一个必经的过程，只有顺利地过了这个阶段，孩子才能长成一个独立完整的人。在这个过程中，他们需要被理解，被肯定，被鼓励。所以，多想想孩子的好，多看到孩子的优点，多承认他们的努力，比多给他们买好衣服好鞋子重要得多。

（3）请闭上嘴，认真听孩子说话。

我知道这一点很难。可是如果我们不闭上嘴，就永远没有机会去了解孩子内心的想法。当孩子一张嘴就被我们截断，当孩子刚刚试图表达一下想法就被我们评判一番，当孩子遇到困扰企图求援时被我们一通批评教训，他们又怎会愿意再跟我们沟通呢？遇到困难的时候又如何敢向我们寻求帮助呢？

(4) 请把孩子当成一个平等的人来尊重。

也许是传统文化的影响,我们常常可以允许自己冲孩子大吼大叫,但不能接受孩子给我们脸色看。我们自己可以动手打孩子,但孩子但凡行动激烈一点就会被认定大逆不道。我们还会对孩子冷暴力,几天不理睬他们,但他们若是对我们的呼唤和要求反应慢了一些都会让我们抓狂。这让孩子们如何培养起自己的尊严呢?如果我们作为父母——最爱他们的人,都可以这样不尊重他们,那么我们又怎么能期待孩子在外面得到尊重不受欺负呢?

(5) 当孩子求援的时候,务请重视。

不要想当然地用我们成人的思维来解读孩子们的世界,更加不要先责难孩子一番。孩子无论是身体上的不适、学业上的困惑,还是外来的欺凌或者心理上的失衡都要高度重视。充分地倾听,了解清楚真实的情况,再跟孩子一起商量办法。如果我们自己帮不上忙,就老实承认,不要反过来责怪孩子。即使帮不了忙,也至少要让孩子感受到我们坚决与他们站在一起的立场和提供力所能及的支持的意愿。

这篇文章一口气写了3000多字,偏长,不太像我以往的风格。然而,却一如既往地用心。唯愿能够帮助到一些彷徨中的少年和焦虑的家长。愿我们都能享受一份更和谐紧密的亲子关系。愿逝者安息,生者珍惜。

05
早恋与性

早恋会怎样

有一天,豆同学以前社团的人吃散伙饭。晚上回来以后,他来工作室接我,我俩一路溜达着有一句没一句地聊。他看起来很轻松,这是进入高二以后不多见的。然后,他略微感叹地说:我们社团虽然脱单率比较高吧,但是基本最后全黄了。

我说:"哦,今天吃饭发现的吗?"

"是啊,就剩下一对了。"

"哦?这一对是怎样的呢?"我好奇地问。

"这个男生不太一样。他即使脱单以后,也没有把全部的时间都放在这件事情上面。"

"哦,你的意思是,他没有完全放弃单身生活?"

"说不清楚。你看,其他人脱单以后就一门心思扑进去。他不是,他中午跟那个女生一起吃饭,晚上还是跟我们吃。"

"哦,其他人都是每顿饭都一起吃?"

"差不多吧。但我觉得他这样挺好。这样反而长久。其他那些,反而都黄了。"

"嗯,我有同样的发现。很多人谈恋爱以后就没有了自己,那样反而不利于感情的发展。"

……

大约普遍地从四五年级开始,孩子们就开始起哄架秧子,谁喜欢谁,谁又在追谁。到了初中,这种现象更多一些。当事人自己也大方,互相之间开玩笑。青春的萌动,就在这样的方式里得到释放。

很多初中生的家长紧张担心孩子早恋。其实就我所了解到的情况来说,初中生真正谈恋爱的很少,很多只停留在眉来眼去或者朦胧好感阶段。到了高中以后,才有了一些真正意义上的谈恋爱。用孩子们的话来说,就是越来越多人脱单了。

作为这个年代的家长,我们其实很纠结。首先,我们不再像我们上一辈那样像防贼一样防早恋。因为我们都意识到,这个年龄就是正常萌动的年龄,就是开始关注异性并且希望被异性关注的时候。这个时候的喜欢,是那么单纯美好,没有一点功利性。我们希望孩子能有机会体验这样的美好。

可是，另一方面，恋爱又的确带来很多的问题。其中最让家长担心的基本集中在三个方面：①耽误时间，影响学习；②情海翻波，影响情绪；③尝试禁果，影响身心。

广州有一间著名的中学，在高考动员时是这么跟孩子们说的："在目前这么重要的阶段，你们那些没谈恋爱的就别谈了，谈了的就别分手。"高考当前，一切以稳定为重，可是谈恋爱这件事，能稳稳当当进行的不多。尤其青春期的孩子，本来就情绪起伏大，更加不容易控制。

可是站在孩子们的角度，他们不是这样看的。我所接触或辅导过的孩子们，他们如是说：

第一，如果脱单了，至少就有了一个为之奋斗的理由。在茫然的纠结的青春期，有了一个彼此喜欢的人，就如黑暗的夜里多了一盏灯，起码觉得自己不再孤单，有人能够分享自己的喜和乐，并且能够在前进的路上互相鼓励、互相支持。这种作用是再好的父母和好朋友都取代不了的。

第二，如果有了除父母之外的亲近的人，就更有长大了的感觉。

第三，反正生活已经是这么累这么无趣这么大压力了，多一个人来分担，就算会吵架不开心，也是乐比苦多。

第四，在这个年代，虽然初尝禁果的人不少，但我们都是有责任心的人。我们对性知识多少有一些了解，并不像家长想象的那么懵懂。并且我们大多数人都很清楚地了解自己要对此付出的代价。所以，其实我们比家长想象的要慎重和小心。

所以，当家长和孩子各有各的立场时，早恋就成了谈虎色变的一件事情。

家长可以怎么做

在我看来，保持一种开放的心态很重要。开放的心态并不是说绝对地支持或反对，而是无论孩子是否谈恋爱，这始终是一个可以敞开来谈的话题。

（1）如果孩子有了喜欢的对象，但是并没有走入恋爱。我们可以倾听孩子的快乐和烦恼，了解孩子被对方的哪些特质所吸引，又是哪些在阻碍孩子走入下一步，孩子自己是如何看待这些问题的，他在处理这些问题上有哪些想法和打算。

（2）如果孩子已经在恋爱中，我们可以分享孩子的喜悦。通过平等的交谈，了解孩子看待异性的标准，了解孩子如何处理两个人之间的矛盾和分歧，启发孩子思考恋爱和婚姻中的平等尊重和相互扶持具体如何体现在日常生活中，思考怎样才是更有利于彼此成长的关系，如何建立起既彼此独立，又相互依存的关系。

还可以通过媒体上或者生活中案例的讨论了解孩子对于性的看法，对于性关系给感情带来的影响，给自己目前的学业带来的影响，对自己未来的身心健康或者家庭关系可能带来的影响。还可以讨论如何保护自己和自己喜欢的人，让彼此从这样一份关系中得到滋养而不是伤害。

（3）如果孩子恋爱失败，理解和同情孩子的感受，支持和鼓励孩子。启发孩子思考恋爱失败的原因在哪里，以后如何改善和避免；做些什么能够帮助自己调整好状态。让孩子分析恋爱失败给目前带来的消极影响和积极影响是什么；如何利用积极影响，同时尽快消除消极影响。

所有这些都建立在开放的心态基础上。当沟通顺畅，关系基础好的时候，这以上的交流才有可能发生。在这样的交流中才有可能了解信息，交流观点，启发思考。如果我们让孩子觉得这事根本不能、不敢或者不愿意跟我们谈，那我们就只能眼睁睁看着孩子自己去蹦跶了。当然，自己蹦跶也不是不可以，只不过可能会更辛苦一些，更危险一点而已。

总而言之，如果孩子认为这事打死也不能让父母知道，那我们就什么也帮不了他们。如果他们认为无论发生了什么事都是可以告诉我们的，那么遇到困难或者捅了篓子的时候，他们才会愿意来听听我们的看法。

此外，如果孩子们在家里能够感受到足够的温暖，跟父母的沟通顺畅，他们谈恋爱的概率相对会更小。茫茫大海中，如果就在身边不远不近的地方有一盏明灯始终照亮前路，给人的那份踏实感会削弱其他诱惑的力量。

所以，你怎么做，就看你想要什么了。

06
见义勇为与校园暴力

对于见义勇为的纠结

从我们家去豆同学的初中,要穿过一个公园。初一的一天晚上,豆同学突然说:"今天我回来的时候,有一位老人坐在路边要我帮忙。他说他不舒服,要我把他送到××宾馆去。"我的心提了起来。这是我们家附近一间巷子里的小宾馆。

我问:"你送了吗?"

"送了。"

"没送他进房间吧?"

"没有。我就把他送到大堂。我才没那么傻呢,要是房间里出来几个人把我给绑了怎么办？"

我笑了，一颗心放下来。但仍然有些后怕。情不自禁地嘱咐一句："嗯，行！千万别送进房间。"

豆同学问："你觉得我应该帮他吗？"

我说："怎么说呢。觉得你应该帮他的，可是我也有点后怕。你呢？什么感觉？"

"我不知道，也有一点后怕吧！"

我说："也许下次你可以选择在公园就地找一个大人帮忙，因为你毕竟是未成年人。又或者，你帮他打电话给他的亲人，然后在原地陪他等人来。"

在后来的青春期家长课堂里，我们会专门讨论校园欺凌这个问题。当我问到家长们，是否愿意孩子挺身而出、见义勇为时，大家通常像我当时一样很纠结。因为，一方面，我们深知这种事情不知什么时候发生在谁身上，如果人人都不出手，将来也许我们可能自己也会陷入这种境地；另一方面，我们太害怕我们年轻善良的孩子受伤害了，最怕的是帮别人没有帮到，反而自己被伤害了。

我仍然记得在网上看过的一个视频，是一个女中学生被一群孩子不断地轮流掴掌，旁边有不动手的孩子在围观。那啪啪作响的耳光声，被打女孩凌乱的头发和倔强的站立的神情，让我至今想起都心痛不已。这些花季少男少女，为什么会有如此的暴戾之气？这些在校学生，为什么内心会这么冰冷？那些旁观的孩子，心里在想什么？而这位被欺负的孩子，是有多习惯有多绝望才会是这样的反应？这个孩子的妈妈看到视频，会是什么感受呢？

如何帮助孩子面对校园欺凌

个体心理学家阿德勒认为，每个人的行为都是有目的的，而这些行为是由他们的想法和感受决定的。一个欺凌事件当中每一个角色的行为背后都有自己的原因和其所指向的目标。例如，施暴者，他可能出自一个暴力家庭，从小学到的就是用武力解决问题；他可能在家里被严格管控，压抑得很厉害，所以在外面寻求发泄；他还可能在别的方面找不到价值感，以为用武力可以宣告自己的强大，赢得关注和崇拜；还可能是因为青春的躁动让自己无法安静，需要通过征服来发泄多余的精力；又或者只是为了加入某些自己认为够厉害的帮派，去努力表现；还有可能是因为在家里感受不到爱和归属，转而寻求物质的满足，为了获取钱财而欺负别人；还有可能是报复、拔刀相助或者是一时被裹挟着的冲动行为……

所以，当我们看到表面上充满戾气，可恨可怕的施暴者时，也许没有想过他的背后是一个被忽略被欺凌被压抑的迷途的羔羊。如果我们不希望自己的孩子成为施暴者，那么从家里开始，给他足够的爱和关怀，给他尊重和指引，帮助他找到归属感和价值感，帮助他建立自己的是非观和原则，那么这个世界上就会少了许多的施暴者，也会少了很多辜负善心的人。

同样的，一个欺凌事件中的受害者，通常背后也有很多值得关注的原因。如果我们自己在家里对孩子都不珍惜，对他批评指责，不尊重时，我们就不大可能指望他们在外面能够挺起胸膛，有礼有节，不卑不亢；如果孩子回来求援时，我们先怪孩子没用，或者嫌弃他在外面惹是生非时，我们的孩子就会耽于别人的威胁而不敢相信和依赖我们的保护。

在讨论中，家长们发现，除了有办法避免孩子成为施暴者和受害者之外，如果希望自己的孩子勇敢地对这种行为说不而又不被殃及，我们同样可以跟孩子一起来讨论，找出更多保护好自己又能帮助别人的办法。例如跑到能够藏身的地方打电话报警，远远地大喊一声"警察来了！"，或者找到比自己更有力量和能力的人出面等等。通常，当我们跟孩子展开充分的讨论时，发现他们想得比我们成人更全面，办法更多。

其实，所有讨论的关键点仍然是要让孩子在家里感受到爱和温暖，要让孩子有自己独立思考的能力和解决问题的能力，要让孩子学会有效沟通，具备助人助己的能力。而这一切，不是靠讲道理，而是通过与孩子的每一次互动，启动孩子的思考，通过我们自己的示范来实现。

见义勇为需要勇气和智慧。校园欺凌要靠我们每一个人的努力来改变。

07
大学专业的选择

豆同学的思考

豆同学从高二开始就经常提起大学该学什么专业的话题。以他目前的情况来看,他最喜欢且擅长的科目是历史。然而,他比较迷茫的是学历史将来可以做什么。在之前的探讨中,我一直没有给他任何建议,因为我知道这对他来说也是一个探索和思考的过程。

今年年初,我们又做了一个高考专业选择倾向的测评,结果惊人地符合他的兴趣与特长。测评系统给出的专业建议,第一个就是历史。豆同学一方面更有信心,另一方面又更纠结。

有一天,我们聊起这个话题,他说:"唉,真的不知道该学什么。"

我说:"学历史不好吗?你那么爱历史。"

"可是学历史以后干什么呢?难道去当个历史老师?或者去研究所当个研究人员?"

"你怎么看呢?"

"我不想当老师。"

"哦,那你想干什么呢?"

"我也不知道。"

"嗯,我上中学的时候好像也不知道自己想干什么。你可以继续琢磨一下。"

又一次,他说:"我难道真的去学历史吗?"

我说:"你的意思是?"

"学历史我能想到的职业就只有当老师或者研究人员。可是,当个历史老师或者研究出个什么历史成果,对这个社会的进步并没有直接推动作用啊,对于国家的发展好像也做不了什么具体事情。"

"哦,你指的直接推动或者具体事情是指什么呢?"

"比如说,如果我学个社会学的话,也许能有机会参与到社会结构或者国家政策层面的一些基础研究和建设中,那才能够直接贡献于国家和社会的发展啊!"

听到这里我心头一热,这正是青春期孩子的另一面啊,他们总是激情澎湃、心怀天下,甚至在选择专业时就已经考虑到了如何报效祖国,回馈社会了。虽然他们的观点会有偏颇,想法也还并不成熟,关于怎样才是自己服务社会、报效祖国的最佳途径也还在探索中,但这份激情实在难能可贵。

我说:"儿子啊,听到你这样说,我特别感动。我心目中的年轻人就是这样的,总是想着自己有能力、有干劲,能为社会,为国家做点什么。我也很惭愧,我在你这个年纪的时候,好像根本没想这些。你可以继续再思考,反正你有的是时间。"

我的观点

就这样,我们就这个话题聊过很多次,终于有一天,当我们再度谈起时,我对豆同学说:"关于大学专业这件事,我觉得你不必太纠结了。你想听听我的看法吗?"

"嗯。"

"我的看法可能跟大多数家长不大一样哦。

"第一,我认为大学也许是人一辈子最后一个可以完全心无旁骛地畅游知识海洋的阶段了。因为生活有父母供养着,学业有老师指导着,有馆藏丰富的图书和各种高水平的讲座浸润,有知识层面相当的同学们探讨和促进,这辈子想要再有这样的四年,恐怕真的不太可能了。

"所以,我的看法是,如果家里条件允许的话,这四年,就应该去一个各种资源相对丰富、学习和学术氛围相对浓厚的学校,去学自己想学的科目。同时大量地阅读,尽量扩大自己的知识面,享受学习的乐趣。至于这个专业是否好找工作，我认为并不重要。

"第二，现在时代不同了，并不再是毕业时找到的工作就一锤定终身。相反，很多人都是在不断更换工作中寻找自己的方向。因为自己喜欢做什么，尤其是究竟擅长做什么，也是需要时间去慢慢发现的。尤其是对那些青春期并没有好好思考和探索过这一部分的人来说，更是需要更多的尝试。"

"那你们大学的同学现在都在做些什么呀？"

我想了一下："嗯……我的同学们还在做原来行业的人也就1/10了。大约有一半以上的人已经像我一样转战过两个以上的行业。其实，无论你学的是什么专业，刚开始的第一份工作的前期大抵都是相同的。"

"都是打杂？"

"差不多吧！"

"也有些人运气好一些，一上岗就得以参与甚至负责重大工作，那也得他自己具备迅速适应和转换知识的能力。

"除了专业度很强的那些理工科专业之外，更多的时候，刚毕业的大学生都是从头学起。大学四年除了让你具备基本的上岗资格之外，可能更多的是体现你的学习能力、人际交往能力、适应能力和知识面以及各方面的素养。这些有可能帮助你在日后的工作中逐渐胜任，展现出自己的优势。

"所以，我觉得大学时学习什么专业，跟你一辈子是否能有个好工作，能挣多少钱真没多大关系。"

"可是,大学毕竟是四年啊,如果学了以后用不上,那不是很浪费吗?"

"嗯,理解你的担心,的确很多人是这样认为。但以我自己的经验来说,你所学过的任何东西都不会浪费,你所做的任何一份工作也不会白做。

"前提是,我们学什么做什么都要用心,都要带着思考,都要尽全力去做好。用一句鸡汤一点的话来说,人生就是一趟单程旅行,你的每一段旅程,都不会白走,要我说都是赚了。"

"为什么呢?走弯路也是赚吗?"

"也有可能是赚啊。有的人是一条大路朝前走,不偏不倚直达目的地,有的人可能是不断地走进旁边的岔道,然后再回到主干道上来,也许他慢一些,但他多了一些体验。焉知不是好事呢?我自己一直认为,人的一辈子就这么长,体验得越多就越赚。"

"所以,你才建议我上大学一定要换一个城市?"

"是啊,换一个城市去生活一段时间,去体验不一样的语言文化,不一样的风土人情。"

"就像你和爸爸一样?"

"嗯,我认为你看得越多,体验得越多,视野就会越开阔。当然,你要是喜欢一直待在一个城市也是可以的,每个人选择自己最喜欢的方式过这一生就好。所以,有没有觉得,你的第一份工作是做的什么,跟你的职业生涯也没有那么重要的关系,但是跟你怎样去做,关系就比较大了。

"第三,大学的学习不过是我们人生中学习经历的一小段而已,学习是一辈子的事情,我们穷其一生也不可能掌握所有的知识。你也看到了,我和你爸爸直到现在还在学习,跟书本学,跟课堂学,跟有经验的人学,跟上司学,跟下属学,跟同僚学,因为生活处处皆学问。所以,重要的是学习的能力和思维的方法,还有就是对世界的好奇心,有了这些,不怕你这一辈子没有学习的机会。

"所以,孩子,放心地选择吧!不用太纠结,怎样选都错不到哪儿去。只要自己有兴趣,肯努力,学什么并不是最重要的,在哪儿学、跟谁学、怎样学更重要。

"当然,我的看法仅供参考。你可以继续思考,得出你自己的结论。"

"嗯。"

第十章

自我关爱篇

01
认识你自己

了解私人逻辑，探索自己

你认识自己吗？你是谁，是个怎样的人？你有什么性格特点？你有什么优势和劣势？你喜欢什么，讨厌什么？你对自己的期待是什么？你有些什么心愿？你有什么值得庆幸的事情？你有什么遗憾吗？你最欣赏的人是谁，最牵挂的人是谁？你最引以为豪的是什么？你生命中最重要的人是谁，最重要的事情是什么？你对自己的满意度有多高？如果让你任意选，你希望度过怎样的一天？你会与怎样的人交朋友？你如何处理矛盾与冲突？你如何看待身边的人和事？你知道自己在压力状态时是如何做出反应吗？你知道你处理强烈情绪的方式是怎样的吗？……

关于自己，我们还可以问无数的问题。因为认识自己，是我们一生的课题。其实对于自我的认识，我们从婴儿时期就开始了。当我们嗷嗷待哺得到了及时的响应时，我们就会认为自己是很重要的，别人是会来照顾自己的，这个世界是安全的；当我们开始满地乱爬，把任何东西都塞进嘴里想尝尝滋味却被粗暴地制止，并且伴以严厉地呵斥时，我们就可能会认为自己不是好孩子，别人对我们不满意，这个世界不可预料；当我们不想自己走路，想要被抱得高高的，好看看这精彩的世界时，却被批评说懒，"不自己走就不要你了"时，我们可能会认为自己是个不可爱的小孩，爸爸妈妈可能不爱我了，随时可能不要我，这世界真可怕；当我们上学以后，发现班上有这么多小孩不认识字的字我却都认识，老师表扬我时，我们可能觉得自己好厉害，老师好喜欢我，学校真是个好地方；当我们进了中学，发现班上每个人都那么厉害，原来在小学的好成绩到了这里只能排到后面，我们可能会觉得很慌张，觉得自己原来那么差，别人都那么厉害，中学是个竞赛场，必须使劲努力才能被关注；当我们进入青春期，父母整天看我们不顺眼，唠叨说教，恨不得看不见我们就好时，我们可能会觉得这世界上根本没有人喜欢我们，我们的存在没有价值，人生真没什么意义。

……

每天，每时每刻，每件事情，都在加深我们对自己的了解，无论我们自己有没有意识到。个体心理学家阿德勒说，我们每个人从小就会通过对经历的每一件事情的感知，做出一些解释，从而形成对自己，对他人，对这个世界的看法，并根据这些看法来决定自己要如何做，才能得以生存和发展。这个"感知—诠释—信念—行为"的闭合圈就是我们的"私人逻辑"。从5岁左右开始，我们就戴上了这样一副有色眼镜。此后的岁月里，我们不断地验证这个私人逻辑。因为每个人的私人逻辑不同，我们对同一件事情的看法如此不同，世界因此格外地异彩纷呈。

突破限制性想法，使自己成长

了解了"私人逻辑"，我们便知道了我们对自己的看法是如何来的，于是我们就知道了原来我们对自己的认知是可以不断刷新的，未来也变得充满了可塑性，我们更是具有无限潜力，可以不断成长的自己。比如，对于我们自己习以为常的，甚至根深蒂固的一些限制性看法，我们可以问问自己：真的是这样吗？

举个例子，我曾经对自己有一个限制性看法——"我是一个对数字感觉很差的人"。这个看法来源于我从小数学成绩不好的自卑感，来源于我做数学老师的母亲辅导我功课时的不耐烦的感受，来源于我见到5位数以上的数字就要开始数"个十百千万"，生怕自己搞错的恐惧感，来源于去银行办事填账号时经常要填两次的挫败感。因为这样的看法，我一直尽量避开跟数字打交道，并且在跟人，跟文字和图像打交道的领域做得如鱼得水。

直到我工作了十几年之后，一次偶然的机会，在老板的鼓励和信任下，我担任了公司在香港上市以后的投资者关系总监，任务是与全球知名的投行分析师和投资机构打交道。日常工作其中一项内容就是核对数据，与公司内部各个部门核对，与持有公司股票的投资机构核对，与对买入公司股票感兴趣的分析师们核对。在经过了艰难的适应期和超出常人的努力之后，我发现了另一个我，一个无论面对多大的数字都不再紧张，都能迅速用普粤英三语反应和表达出来的我，一个对每一个经营数据的来源和去处能一目了然，并能在数据出了问题时一眼就看出的我。这让我自己无比惊奇，因为我发现了自己对自己的固有看法是不正确的，只是没有机会去有意识地锻炼和调整。没有什么比发现生命中新的可能更令人开心了。

再举个例子，从我开始学习心理学之后，尤其是转行做了教育之后，我不断发现自己以往在育儿中做得不够好的地方，不断为以前对孩子的陪伴太少而内疚，也一直为孩子目前呈现出来的不够理想的状态而焦虑。因为我把这一切归咎于自己以前只顾着奔事业；归咎于自己虽然读了很多书、懂了很多理论却仍然做得不好；归咎于自己不够用心琢磨，不够付出时间去体会。我甚至有时候会感叹自己帮助了那么多孩子却帮不了自己的孩子。因为我对自己的限制性想法是"都是因为我做得不够好，所以孩子现在才会不够好"。

然而，随着这本书的推进，我一个主题一个主题地写下来，一段又一段地回顾和总结我和孩子在每一个主题下的互动。我有了新的发现，那就是，我的孩子他已经足够好，而我也是一个非常用心的足够好的妈妈。

虽然过去我忙得陪伴孩子的时间很少，但是我每一段陪伴他的时间都那么用心。虽然我当时很多做法都不见得对，但我一直在不断地学习、尝试、调整、改进。虽然我在与孩子的互动中犯过很多错误，但我也有很多方面做得很好。我发现自己因为内疚而用力过猛，因为歉疚而过度补偿，这才是真正导致现在的我焦虑的原因。当我意识到这一点之后，便豁然开朗了。

心理学上有一个说法，叫"自我实现的预言"。我们就是通过不断重复自己的想法，一步一步把自己引导成为我们以为的那个自己，把他人变成自己认为的那个他人，把世界变成自己心中的那个世界。所以，如果你对自己满意，就好好地享受和爱惜这个自己；如果你对自己不满意，就试试去回答这一章开头提的那些问题，去探索和发掘更多未知的自己，去发现和认识自己之前隐藏起来的另一部分，去改变一些限制性想法，去突破一些固有的观念。然后，你会发现，你多么值得为自己骄傲，你多么值得花一些时间去了解和关爱自己。

02
管理好情绪

识别情绪，接纳自己真实的状态

"多大点儿事儿啊，至于生那么大的气吗？"

"谁生气啦，我才没生气呢！"

"嗯，我知道你很在乎这个。"

"哼，我才不在乎呢。"

这些对话是不是很熟悉？你说过，我说过，很多人都说过。一些教人谈恋爱的文章说，女人往往口是心非：嘴上说不在乎，其实很在乎；心里想要，嘴上还要推辞；明明已经气得口不择言，还要说自己根本就不生气；甚至很多的时候，眼泪往肚里流，心在滴血，还要装作无所谓。

其实不止女人，很多人都是如此啊。因为我们很多人从小就被教导，我们不应该有负面情绪，更不应该表达出来。

如果我们有负面情绪，就说明我们不够大度，不够成熟，不够理智，不够虚心。如果我们表达负面情绪，我们就会破坏别人对我们的好印象，就会影响我们跟别人的关系，就会没有朋友，就不会有人喜欢……即使是正面情绪，也不能自如地表达。因为"喜形于色"往往被认为不成熟，而"笑逐颜开"则是不够持重。

于是，为了不失去别人的爱，为了让大家喜欢自己，为了表现出一个别人所期待看到的"更好的自己"，我们从小就学会屏蔽自己的真实感受，更加不敢去表达感受。

不知何时起，"爱自己"开始成为一个流行语，可是关于如何爱自己，各有各的说法。在我看来，爱自己最重要的是做真实的自己。而要做真实的自己，首先是要接纳真实的自己，接纳自己的真实感受，允许自己各种情绪的产生，接纳自己的不完美。这句话说起来似乎简单，但要付诸行动却是一条漫长的路。

因为个体心理学家阿德勒说，我们每个人来到这个世界上，都天然地需要与人联结。我们需要归属感，需要感受到自己被爱、被认可、被接纳。为了这种联结的需要，我们不断地观察和感知周围的人和事，以为我们只有满足别人的期待才能获得归属。

如果我们的父母、老师、上司不断地强调这一点，不断地告诉我们不该有不好的想法和感受，不该表达我们的负面情绪，不可以暴露缺点，必须更好、再好、最好的时候，我们就会担心，一旦他们看到了真实的我们，那个有着各种复杂的情绪，有着这样那样缺点的自己，他们就不会再喜欢我们，信任我们，重用我们。于是，我们一开始是被不断地否定感受，慢慢地我们开始主动隐藏，再后来我们就慢慢失去了这种基本的识别情绪和表达感受的能力。当我们连自己的真实感受都不清楚的时候，又如何做自己呢？所以，爱自己可以从现在开始。从此刻开始，学习辨识自己的感受。

就在此时此刻，你读到这里，内心有什么感受和想法？是意外，震惊，恍然大悟，心有戚戚？还是反感，质疑，不屑，看不下去？无论怎样的感受和想法都可以。它们没有对错，因为它们是你的真实感受，是真实的你的一部分。试着觉察它们，感受它们，接纳它们。告诉自己：我现在有这样的感受是正常的，自然的，我不需要去处理它们。

然后，下一次，在先生忘了自己生日或者结婚纪念日的时候，问问自己：我现在的感受是什么？是伤心，失望，气愤，恼怒，不甘心？还是期待，平静，无所谓？或者，晚上11点了，孩子还捧着手机一直不愿放下的时候，问问自己：我现在有些什么情绪在升起？是愤怒，担心，忧虑？还是平和，放心，信任？又或者，在工作上被自己的好朋友超越的时候，感受一下：我现在的心理是怎样的？是恼怒，嫉妒，埋怨？还是替她开心，希望她更好？还是无所谓，没感觉？

也许这些感受都有，也许都没有，也许还有更多，更复杂的。

无论如何，请告诉自己，我可以有这种情绪，它们就是我此刻真实自己的一部分，并不代表完整的我。它们不会影响我与大家的关系，不会影响大家继续爱我，喜欢我。我可以跟它们一起待一会儿，不用急着处理它们。

情绪调节三部曲

在这个基础上，你会发现，当这些情绪被你看见，被你关照了以后，它们就没有那么强烈了。接下来，如果需要，我们就可以来调节情绪。具体做法如下：

（1）在平时状态好的时候，找一个安静的时刻，坐下来，拿出笔和纸，给自己列一个清单。在这个清单上，将所有能够令自己开心的事情都写下来。注意，这件事必须是你可以独自完成的。比方说，听音乐，阅读，去阳台上给花浇水，给自己冲一壶好茶，散步十分钟，跳舞，翻看老照片，运动，独自出门旅游，看电影，追剧，喝咖啡等等。

（2）从这个清单中挑出十项自己最喜欢，同时操作又最简单，最容易做到的，做一个快乐清单给自己，贴在容易看见的地方。当然，你还可以把它们做成"神秘宝盒"里的十个秘籍，也可以做成一个幸运抽奖轮里的选项，还可以是任意写在日历页里的各种神秘指令。

（3）当我们觉察到自己有强烈的情绪，并且深受困扰的时候，我们就可以开始启动调节程序。这时候先从简单重复的动作开始，比如，深呼吸三下，从一数到十，有节奏地击掌等，然后去自己的快乐清单里找到一项，不思考不判断，直接去做。

通过这样一个简单的过程，你就会发现你的情绪得到了疏导，心情开始好起来。不知不觉你就从原来的消极情绪中走出来了。

当然，这只是一个方法。还有更多管理情绪的方法，需要我们不断去学习和了解。时常调整和补充自己的快乐清单，定期去做清单上那些让自己快乐的事情，你会发现自己越来越开心，负面情绪越来越少，生活越来越圆满。

03

完美是一种罪

抓狂的我 VS 淡定的豆同学

世界上最遥远的距离是"知道"和"做到"之间的距离。

因为惯性十分强大,即使我们都懂了,在朝着正确的方向走,而且不断取得进步,但我们仍然会有失控的时候,时不时走回老路。但是,这并不会令我们前功尽弃,只要我们在一小步一小步地向前走,就一定会离我们的目标越来越近。在这一点上我太有感触了。

儿子读初中时,有一段时间请了一位数学家教。有一次,他直到上课前两小时才开始写老师上一次课上布置的作业。在此之前,我应他自己的要求,提醒了好几次,他都拖着不做。在这两小时中间，还要吃晚饭。时间这么仓促，我看在眼里，恼在心头，但是憋着，只希望他能迅速完成。

离上课只有40分钟了，饭菜已经准备好。我叫他收拾桌子准备吃饭，他却告诉我作业还没有写完，我压抑了很久的火终于腾的一下点着了。虽然我当时就很清醒地知道这个时候说的话没有一句符合和善而坚定的原则，并且除了发泄情绪之外根本没什么用，可仍然忍不住把一支一支"箭"射了过去。

"为什么你就不肯早一点写呢？"

"布置的作业不做，上课又要来讲不是浪费上课时间吗？"

"你这么不愿意写作业就不要再上这个课了！"

意外的是儿子十分淡定，他一边默默地快速吃饭，一边时不时抬头看我一眼。我端着饭碗吃了两口，觉得咽不下去，便知道我需要暂停一下了。可是即便如此，我也做不到"积极"暂停，而是狠狠地放下碗说："不吃了！"（现在看着很可笑，就跟一个闹脾气的小孩子一样。事实上，那一刻，我想我是想道德绑架他，让他觉得内疚———多么糟糕的反应。）

等我走到另一间房的窗口，面对着窗外美丽的风景做了几次深呼吸后，才感觉到自己平静了下来。心里还想：他倒真行，能够这么淡定。（这就是我学习心理学和正面管教以来他的改变，要是两年前的他可能会害怕得什么都不敢动，一年前的他可能会很紧张地来安抚我，一边说自己错了，一边劝我不要生气。而现在的他，只是淡定地继续吃饭。)

感觉到自己平静以后,我回到饭桌前,重新端起饭碗吃饭。儿子这时慢悠悠地开口了:"我告诉你吧,我原来以为自己可以写完的,没想到这份题要这么久。"

我本来已经平静的情绪又有点激动起来:"你又不是第一次写这种作业,也不是第一次完不成了!"

儿子被我噎了回去,继续吃饭。过了一会儿,他又平静地看着我说:"我其实没差多少了,只有两道题了。"这样的平静影响了我,我没有再说话了。很快,他放下碗筷,说:"我吃完了,现在去写,争取完成。"

从错误中学习

我这才发现,就在我沉浸在自己的恼怒和沮丧里,随意发泄情绪的时候,平时吃饭很慢的儿子已经迅速地吃完了饭,去补救自己的过失了。当我完全平静下来以后,我并没有特别为自己一不留神又犯错误而感到羞愧,我知道自己不完美,我也不期待做个完美妈妈,因为谁也做不到。

这次错误只是更加深了我对自己的认识,让我知道自己还有很长的路要走,同时也让我发现,孩子进步的步伐比我更快,他现在已经能够反过来用他的行为影响我了。这让我十分欣慰。

在这次冲突的过程中,儿子清楚地知道我在生气,他接纳我可以有自己的情绪,不因为我的发泄而愤怒,并且不干扰我的自我调节。更难能可贵的是，他在我生气的时候，并不是光埋头吃饭，而是时不时抬头用平静的眼神看着我。而对于我生气时问他的问题，他是等我平静下来以后，才来用非常简洁的语言回答。而且最重要的是，他会把能量聚焦在解决方案上，迅速吃完饭去做没有做完的作业。

当然，这件事情并没有就此结束。事情过后，在双方情绪好的状态下，我跟他一起再次讨论了这个问题，关于如何不要再出现这样赶课外作业的情况，我们一起想出了一些办法。

在我的学习和转变过程中，我应对情绪、管理情绪的做法早就已经潜移默化地影响了孩子。很多管理情绪的方法，诸如"接纳""积极暂停""决定自己做什么""非语言"和"关注解决方案"已经被他运用得很好。并且，他已经在反过来影响我了。

所以，即使我们一直在学习，也还是会有走回头路的时候。即使我们有了很多情绪管理的好方法，我们也仍然会有情绪失控的时候。这就是人，正常的人。只是，我们会发现，我们失控的时候越来越少，失控时的互相伤害越来越少，失控后的局面越来越容易收拾。更重要的是，孩子们在进步。当我们不小心又走偏了，他们都会将我们拉回来。所以，我们只需要进步，不需要完美。因为，完美是一种罪。这是个体心理学家伊娃·德雷克斯说的一句话，也是我当时在她的演讲现场感觉振聋发聩的一句话。

04
生气的真相

我们到底在生谁的气

关于这个问题,我们先来看一个对话。

有一位家长跟我说:"老师,情绪控制太难做到了,我其实道理都懂,也知道自己发脾气时会乱讲话,既伤害孩子又伤害我自己。可是,我那股气一上来,就啥都忘了,那些气话明知道不对,还是忍不住要说,感觉非要说了才解气。等过后又来后悔,又很内疚。怎么办呢?有什么好办法能控制好情绪呢?我觉得自己只要把情绪控制好了就什么都好了。"

我问她:"你通常什么时候会发脾气呢?"

"就是孩子表现不好的时候咯!"

"比方说?"

"比方说,他放了学回来不写作业,我叫他一次两次还好,多催几次我就想发火了!"

"嗯,孩子放学回来不写作业,你催了几次以后是什么感觉?"

"生气咯!"

"还有吗?"

"还有,烦。"

"那么你是如何看待孩子、看待自己的?"

"我觉得他太不听话了,觉得自己很失败……"

"他不听话让你感觉自己是怎样的?"

"他不听话让我感觉自己很无能,搞不定他。"

"所以,你是在生谁的气?"

"我生他的气啊,是他让我感觉这么糟糕。"

"好,我们来想象一下,如果头天晚上有个仙人给了你一粒仙丹,告诉你只要给孩子吃下他就会好好写作业了,并且你知道这个方法被好多人用过,的确是很灵的。然后今天,孩子回来了不写作业,你知道可以用那粒仙丹了,那你这会儿还会生气吗?"

"那我肯定就不生气了。赶紧给他吃仙丹。"

"为什么就不生气了呢?"

"因为我知道自己搞得定他了呀!"

"所以,你到底是在生谁的气?"

"哦，我明白了。我是在生自己的气，因为我觉得自己搞不定他。"

这是一个我们很多人都不了解的事实。很多时候，我们以为自己在生别人的气，其实不是，惹气我们的不是别人，而是我们自己。惹气我们的是我们自己都没有发现的那个我，也就是心理学里常说的内在小孩。

我们身体里住着很多小孩，他们可能是 3 岁、5 岁、16 岁的自己。在成长过程中的某个年龄，发生了某件事情，激起了我们的强烈感受，如果没有得到妥善处理，这种感受就藏进我们的潜意识深处。等我们长大后，遇到类似的情形时，那种熟悉的感受就像一个开关一样，啪的一声就打开了我们情绪的闸门，那未曾被解决的情绪就冲了出来，困扰现在的我们，让我们重新感受当时那强烈的情绪。比如生气、愤怒，比如伤心、委屈。

十年前的症结

讲个故事。

我记得自己在八九岁的时候，家里除了原有的房子之外，又在步行距离 20 分钟左右的地方分了一间单间，而我跟外婆就在每天晚饭后去那边睡觉，第二天早上再回来吃早餐。

有一天早上，我走路回到家，敲门后父亲过来开了门，我当时脑子不知在想什么，一声没吭直接就进去了。父亲生气地说："人都不叫，这么没礼貌！出去重新来！"说着就把我推了出去。我当时就愣住了，站在门口觉得很委屈，因为我平时并不是一个不懂礼貌的孩子，也从来没有出现过类似的情况，只是当时不知怎么就忘了。同时，要我重新敲门叫人才可以再进去，我也感到十分尴尬，觉得下不来台。我就这样默默地站在门口，直到差不多要到上学时间了，母亲才打开门，冷着脸叫我进去，后面的事情我就忘了。

十年后，大学第一个学期。有一次，一位同学迟到了，像以往迟到的同学一样，悄悄地溜进教室就坐下了。这时讲台上的老师慢悠悠地说：有些同学，很没有礼貌，迟到了招呼都不打就这么进来，我希望你出去重新来过。

我当时脑子里嗡的一声，十年前的记忆瞬间出现，我紧张地看着那位同学，那可是一位一讲话就脸红的姑娘啊，当着这么多人的面，多难堪啊。正在替她感到尴尬的时候，万没想到姑娘大大方方地站起来走了出去，站在门口大声说："报告！"等老师说完"进来"之后，稳稳地走回座位坐下。整个过程大约只有一分钟的时间。然后，老师继续讲课。而我不断地偷偷看她，以为她会羞臊得哭了。然而，她没有。

那一刻我忽然感觉到这份多年前藏在内心深处的尴尬和羞愧就随着这位同学的情景再现跑了出来，并且通过她的坦然得到了疗愈。我意识到，原来，当时我也可以这样平静地处理这件事情。其实就是犯了一个错误，坦然面对和改正就好了，不需要那么难为情。以后再也不怕遇到这种事情了。

其实，这个故事并不具有代表性，生活中真正常出现的情况是，十年后的当事人也是我们自己。

试想一下，如果在大学课堂迟到的是我，当我听到跟十年前几乎一模一样的批评和指令时，以我当时的感受，我的处理方式一定是跟十年前一样的。那就是坐在座位上尴尬，没有勇气站起来，走出去，重新来。即使真的按照老师的要求做了，肯定也会羞愧难当地哭一会儿。但是，如果在我八九岁发生那件事的当时，父亲只是温和地提醒我："咦，今天怎么都不叫人啊？"我很可能就会不好意思地说："哎哟，忘了。爸，早！"

觉察真相

从这个故事可以看到，8岁时的我当时没有得到处理的情绪，是如何成为十年后的情绪开关，将一个孩子应对压力和处理情绪的方式在成年人身上重现。

有一位42岁的学员曾经分享说，因为她10岁时被父母冤枉，并且她当时情急之中为自己辩护的言辞反而成为父母冤枉她的新理由，这令她十分委屈和愤怒，但是无从表达。所以，她明白了自己为什么这么多年以来最不能接受的就是被冤枉，而且，在受到委屈的时候，她会默默流泪，不解释。

还有一位学员小的时候曾经被同学捉弄。那在笔盒里发现毛毛虫的恐惧和之后又被嘲笑的羞恼情绪没有得到安抚和处理，所以成年后的她对于任何有一点点调侃意味的玩笑都会反应过度。

所以，当我们害怕的时候，是我们内在那个小孩在害怕，当我们生气的时候，是我们那个憋着怒火的小孩在生气。跟别人无关，跟我们自己的孩子无关。很多时候，我们并不是在为眼前的事情生气，而是为多年前没有解决的问题生气。我们也不是对眼前的人生气，而是对自己生气。

明白了这一点，我们就会多一份觉察。对孩子和自己都多了一份包容。知道自己的养育模式还在受那个没有长大的自己影响，我们便可以更多地去探索和了解。知道我们还需要将幼年时应对压力的模式升级更新，我们就会有更大的动力去学习和进步。

05
悦人先悦己

当我们真正了解了情绪的来源,才有了管理情绪的基础。既然应对眼前压力的是内在那个还没有长大的孩子,那么我们就来面对这个孩子,看到和安抚他的情绪,让他在爱和关怀中重新成长,这就是所谓重新养育我们的内在小孩。无论被压抑的是什么样的情绪——担心、愤怒、恐惧、悲伤、难过,还是嫉妒、不满、委屈、沮丧、绝望,都有一剂万灵药,那就是爱。

好好地爱那个还没有长大的内在小孩,好好地爱现在的自己,是一件说来容易做来难的事情,因为我们从小接受的教育就是要先人后己。在要求的时候是严于律己,宽以待人;在利益面前是集体利益高于个人利益,别人的利益高于自己的利益。我们身边的道德模范都是眼里只有别人,没有自己的人。

这样好吗？存在的就是合理的，这一定有它的好处。可是，当我们长期都看不到自己，对自己的需要总是压抑，总是不予理睬的时候，会发生什么呢？

再来讲个故事吧。

焦虑

有一位女士，美貌与智慧并存，她28岁遇到合适的人，29岁结婚生子。在婚姻的前7年，一切都很顺利，生活看起来很美满。她是一家企业的管理层，工作十分辛苦，经常超负荷工作。在大病了一场之后，她萌生了辞职的念头。然而此时先生的工作正值瓶颈期，如果自己再辞职，她担心家庭的经济状况会变得糟糕。

于是她陷入焦虑中。开始埋怨先生没有本事，不能够一个人承担家庭的重担；埋怨先生不疼自己，让自己工作得如此辛苦；埋怨先生不承担家务，让自己里里外外一个人忙……总之，以前不成问题的事情到这个时候都成了问题，生活中各种小事都能成为矛盾的导火索。

不仅如此，她还觉得自己在夫妻关系中活得特别窝囊。先生有点大男子主义，对家务一概不管，并且对她的要求还很传统，在一些小事上对她都诸多限制。比如，不喜欢太太自己出去逛街。理由是，他自己很忙，如果他不在家时，希望太太能在家陪孩子；如果自己在家时，就更希望太太能在家。

而她因为自己工作特别忙，很少有时间顾家，内心已经很内疚。同时，她一直很害怕，也不希望跟先生发生冲突，所以以往很多时候,当她想去逛街而先生反对时,她就总是选择放弃。而这样的妥协也的确换来了7年的和谐生活。在朋友们眼中,他们是出了名的幸福美满的一对。

然而,到了现在,她忽然觉得很不甘心,因为她突然发现自己生活在一个虚假繁荣的幻象中,而只要她自己停下辛苦的脚步,只要她坚持自己的需求,这幸福和谐的假象就会灰飞烟灭。来找我的时候,她是觉得过不下去了。

求助

看着显得身心疲惫的她,我问她,在因为先生的反对而放弃自己需求的时候,内心有什么感受和想法?她与先生平时是否吵架,一般是什么样的情况下会吵,吵架时两个人分别是什么状态?

一个个的问题问下来,她意识到,虽然她每次表面上放弃了自己的需求,心里却是憋屈的,憋久了,心里就不爽,心里不爽脾气就急躁,在一些看上去无关痛痒的事情,或者是生活中普通的鸡毛蒜皮的事情上,就很容易发脾气。

我要她说说自己一天、一周的时间分配,梳理之后,她发现她留给自己的时间几乎为零。我问她有什么能让自己开心的事情,她发现有很多,但是都很久没有做过了,包括逛街。我问她有什么愿望,她发现逛街对她来说很重要,很希望隔一段时间就能自己去逛一逛。因为自己一个人在小店里流连,对她来说是很放松很惬意的休息。她还说有一部电影她想看很久了,却一直不能心安理得地抽出两个小时去独自享受。

她说:"我现在只要不工作的时候,就希望尽量多地陪孩子和家人。因为我陪他们的时间的确太少了。"我问她,如果你的内心有一个爱之杯的话,怎样才算是往里面注入爱?她的答案是看到孩子的笑脸,感受到先生的关心,上司认可,下属给力,还有吃好吃的,买喜欢的东西,看美丽的风景,听好听的音乐,读喜欢的书等等好多种方式。

然后我问她:"你自己有没有经常往这个杯里注入爱呢?"她想了想,说很少。我又问她:"如果你不往爱之杯里注入爱的话,里面会有多少爱?如果你自己不给自己注入的话,依靠别人来给的可能性有多大?如果你的爱之杯是空的,你拿什么给孩子和先生?你给出去的究竟是什么?"

在这样的问答之中,她发现自己是因为工作太忙无暇照顾家人产生了内疚感,所以才尽量地忽略自己的需求,把剩下不多的时间和精力都给了家人,甚至为了不与先生发生冲突而经常放弃自己的想法。

这样的做法看起来似乎能让自己感觉好,感觉自己是一个能兼顾事业和家庭的人,是一个有能力的人,并且减轻了自己的内疚感,觉得自己仍然是一个好妻子、好妈妈。然而,事实上,她却越来越急躁,当孩子的表现不如自己的意,或者与先生有任何矛盾时,她会感到非常沮丧和郁闷,心态越来越失衡,越来越不能平和冷静地对待生活中的冲突。

她终于明白了，一味地满足别人并不可能带来真正的和谐，因为那些被压抑的愿望，那些憋屈的情绪并不会自动消失，它们只是藏了起来，只要有机会就会跑出来。

她也意识到，当自己内心的爱之杯空荡荡的时候，她并没有爱可以给出去。她真正给出去的是债，是感情债、道德债。这样的做法让自己成了债主，站在了道德高点，因此而有了索取的权利。这样的付出看上去是牺牲，实际上是要讨还的，是会对别人有期待的。当别人满足不了自己的期待时，她就会被失望淹没，就会生气、沮丧、愤怒。

改变

她幡然醒悟，爱，要从爱自己开始。而承认和满足自己的需要，就是爱自己的一种方式。于是，她决定从满足自己逛街的需求这件事情开始，改变自己。

第一次，她在先生反对的情况下坚持去了。她说，下车那一瞬间，感受到了先生强烈的不满，她的内心是很不安的。然后，慢慢逛着，她就感觉好多了。逛完之后，她很开心，东西没买多少，但心情很愉快。回到家，先生仍然有些不高兴。她满面春风地给家里人切水果，跟他们聊天，又温柔又耐心。很快，她的状态就让家里的气氛温暖起来。

第二次，她同样在先生不那么开心的状态下去了……她愉快地回到家时，发现先生比较平静，而她同样用愉快的心情影响了家里的氛围。

第三次，她提出逛街时，先生没有表示反对，只说了一句"早点回来哦"。当她回到家时，先生竟主动问了一句，买了什么呀？她说，啥也没买。先生说：那不是白去了吗？她说：逛了就很开心了，并不是一定要买东西。先生难以理解地笑笑，两人都很愉快。

第四次，先生竟然主动提出："你要不要去逛一逛啊？"

这真是一个神奇的过程。她在向我描述时很兴奋，隐隐透着幸福感。我问她："你觉得为什么你先生不再反对你逛街了呢？"

她兴奋地说："我觉得他是因为我每次逛完回家后状态都特别好，对他和孩子也更好了，又温柔又耐心。他是最终受益者。"

我也笑了："那你在这个过程中有什么发现吗？"

她说，她发现先生并没有她以前以为的那样不通情理，并没有她害怕的那样，因为她坚持自己就不爱她了。她还发现她才是家里气氛的营造者，当她满足了自己的需求，让自己保持积极的状态，心情愉快，内心充满爱和温情的时候，带给家人的是积极的影响，先生和孩子都是受益者。最终大家都会感觉很好。

她深刻地理解了，只有真正让自己开心了，才能有力量让别人开心。

爱满自溢

是的，我们每个人的心里有一个爱之杯，如果杯子是空的，用什么来给别人呢？当内心没有爱，付出的也不是爱，付出的可能是责任，也可能是牺牲，我们是会用各种形式索取回报的。只有照顾好了自己，让自己的爱之杯满满的，才能源源不断地流出来，才能有力量真正去爱别人，并不求回报。

我们常常会觉得爱自己是自私的表现，为照顾自己而内疚，有时甚至会委屈自己逢迎他人，或牺牲自己成全别人。这样做一次两次还好，日久天长会让自己没有价值感，也并不能真正让他人开心。很多时候，过度牺牲只会带给自己道德优越感，而带给他人内疚和无能感。这不是爱，更像是道德绑架。

真正的爱是建立在接纳的基础上，而接纳必须以平等和互相尊重为前提，当我们不是真正开心的时候，内心的委屈不断积累，终有一天会爆发，会伤人伤己。

只有坦然地接纳自己的情绪，并用尊重的方式表达出来，才有可能做到去接纳对方的情绪，并相信他有处理自己情绪的能力。同样，尊重自己的需求，并用尊重的方式表达出来，满足自己，才有可能更尊重他人的需求，并积极地去配合和满足他人，从而创建一个和谐的家庭氛围。

06

活出自己的精彩，是对孩子最好的示范

关于鼓励

别看豆同学表面上经常打击我，可关键时刻，他却是很会鼓励人的。2015 年，我的青春期孩子家长课上第一次有好几位学员从外地来，并且是来自几个不同的省份。我既开心又有一点担心。

上课前的晚上，我跟豆同学说："不知怎么回事，我有点紧张。"

他问："为什么呢？"

我说："因为明天有好几位外地来的学员，他们这么辛苦地赶来，我有点怕自己会辜负他们。"

豆同学看着我，认真地说："你要相信，你是能帮到他们的。"

那一瞬间，他的眼神十分坚定，并且满是信任。我感受到了莫大的鼓舞，心里马上就踏实了。我们很难从青春期孩子的嘴里听到认可或鼓励的话，可是，总会在一些不经意的时候发现，他们在默默观察我们，并且将他们学习到的以更好的方式回馈给我们。

关于婚姻

有一天，由他们学校的脱单族，聊到婚姻家庭，他突然感慨地说："我觉得你跟我爸这种模式就挺好。"

"哦，你觉得我跟你爸是怎样的模式呢？"

"就是你们在一起有很多的共同爱好，还有共同的朋友圈子，有一些一起去做的玩的事情。但是，你们又都有自己的空间，发展各自的事业，并且都干得不错，而且都很享受。"

"是的呢！被你发现了。"我笑道。

"我觉得我以后的家庭要是也能这样就好。"

"你肯定也可以的。"

关于友谊

2018年夏天，我们大学宿舍的三个闺蜜决定小聚一下，庆祝相识30周年。于是，我们分别从不同国家的三个不同城市相聚在泰国清迈，在那里我们度过了轻松愉快的一周。豆同学还记得我们上一次相聚是6年前在不丹，他很好奇我们三个大妈在一起这么多天都聊些什么。

我告诉他，我们畅谈各自生活的经验和教训，从家庭中各种关系的处理谈到用什么面膜、吃什么保健品；我们互相分析事业的优势、劣势、威胁和机会，相互切磋技艺，拿对方练手，甚至一起去考察可能合作的地方；我们还八卦新老朋友的近况，交流最近读过的书、看过的电影、听过的音乐，分享最新的感悟和想法……

豆同学很羡慕地说："真好啊，30年前认识的朋友现在还有这么多可以聊的。"

我说是的。我想，大概是因为我们这么多年一直有联系，更重要的是，这么多年里我们一直都没有停止学习，一直在努力进步和成长，一直在探索生命更多的可能性。所以，总是有新的内容、新的感悟可以分享和交流。

豆同学说："我希望我以后也有这样的同学。"

关于爱情

豆同学大概从初中以后就开始观察我跟豆爸相处的模式。

我们有一个社群在一起玩了五年了，每年都会有一场音乐会。豆同学对今年正在筹备中的音乐会的怀旧主题很不以为然，对我们准备要唱的那些老歌均以撇嘴作为反应。唯独听到有一首要朗诵的诗《致橡树》时点头称赞说："嗯，这首诗还是很有现实意义的。"

我问:"怎么讲?"

他说:"我觉得每个人都应该是在精神上独立完整的人,自己足够强大,然后与另一个独立的人在一起,就像你和我爸一样。这首诗里说的,不是一方单方面依附另一方。有些人谈恋爱时把所有的安全感都建立在对方身上,一旦对方撤退,自己就彻底垮了。"

我感叹道:"你观察得很细,思考得很深入呢。"

关于学习

我成长于一个父母都十分严厉的家庭从小对学习的兴趣几乎被严格管控的方式消磨殆尽。直到28岁那一年,我在为出国准备托福考试时,前来探望我的母亲看到我每晚挑灯夜战的背影,忍不住感慨地说:"我还真是第一次见你这么刻苦学习的样子。"

是的,也是从那时起,我才开始踏上为自己学、为兴趣学的不归路。现在,人生的旅程过半,兴致勃勃地学习,仍然是我的常态。

前不久,我开始跟随一个法语学习软件打卡,重拾以前学过的一些法语。当豆同学看到我为读熟一小段文章而反反复复地念上几十遍,看到我为了发好一个音恨不得把舌头都烫卷的时候,感慨地说:"妈妈,我怎么感觉是你要去参加高考呢,我觉得你比我练英语要努力多了!"

关于毅力

豆爸有三十多年的吸烟史,可是有一天,他突然宣布要戒烟,然后他就真的戒了。朋友们聚餐的时候,大家都表示不太敢相信。因为戒烟这件事的难度实在是太大了,怎么可能说戒就戒了呢。

席间有一位豆爸的大学同学,慢悠悠而笃定地说:"他说戒那就肯定能戒成。这个人,他说要干的事情就一定能干成。"

在场的豆同学被震撼到了,回来跟我说:"我觉得一个人一辈子能有这样一个评价就够了!"

也几乎是从那时候开始,豆同学开始了自己的减肥计划。如前文所述,就靠着传统的"迈开腿,管住嘴"的方法,他坚持了8个月,成功减了26斤,并且让这种生活方式成为常态。

关于冲突

有一个周末的早上,我跟豆爸生闷气。

豆同学发现了,问我:"妈,你怎么了?"
"没什么。不想说。"

他张了张嘴,没有再说什么。

一家人按计划出门。我坐副驾,豆同学坐后排,车里的气氛有些闷。

豆同学再次开口:"妈,你怎么了?"

"哎呀,我不想说。"

"不是你说的吗?有什么事儿要说出来啊,不然我们怎么知道呢?"

也是哈,我被提醒了。于是说:"好吧。我说……"简单说了经过,重点在讲我的感受。

豆同学认真地听完,转向豆爸:"爸,你怎么看呢?"豆爸努力了一下,也开口了。然后豆同学又问我:"妈,那你现在是什么想法呢?"

这样来回了几次,我内心已经十分感慨。我们总说言传身教,没想到孩子可以学得这么快。这种在家庭沙盘游戏治疗里常用的提问方法,被他不知不觉学去,用得如此娴熟,并且真的很快就帮助我们解开心结,愉快地出游了。

关于事业

2017年,我在原来的青春期孩子家长课的基础上,增加了0~8岁孩子的家长课和讲师认证班,加上很多学校和机构的邀约,和一些"一对一"辅导的需求,工作量有些过大,除了心里的开心和满足,也感到身体的困顿和疲惫。

寒冷的12月,一个星期天的晚上十点,我上完课回到家。有些累,一边吃着在路上打包回来的河粉,一边跟儿子有一搭没一搭地聊。

"妈,你最近课好像挺多?"

"嗯,还好吧。"

"反正我好像很少见到你。当然了,也无所谓哈。"

"呃……最近课是排得有点满,不过过了这阵就会好些了。"

"那……这是你最初想要的吗?"

"嗯……问得好。谢谢你的提醒!我也觉得该好好思考一下了。"

于是,在儿子的提醒下,反思,整理,调整节奏,回到初心,继续用自己的节奏,享受自己的人生。

经常跟家长们讨论,如何教给孩子这样那样的本领,如何纠正孩子的种种错误,如何引导孩子走一条光明大道,让他们可以领略生命最美好的样子,体验人生最丰盛的馈赠。结果,我们总会发现,无论怎样的方法,无论哪一个流派的理论,都敌不过父母的言传身教。所以,我一直认为,不断地学习和成长,活出精彩的自己,就是对孩子最好的示范。

愿你,愿我,愿所有的父母都能活出精彩人生,愿我们的孩子都能成为令他们满意的自己!

写在后面的话

终于,这本书完稿了。对于一个拖延症患者来说,此刻,心里无比轻松和踏实。这本书完成时正值儿子学校的成人礼之前。学校安排家长和孩子互相写信,作为彼此的礼物。

当我整理完整本书稿之后,心中充满深深的感恩之情:还有什么比一个即将长大成人的孩子和一本因为他而写成的书更好的礼物吗?

在写书的过程中,我不断回望他的成长历程。看着他和我们一路走来的脚印,心中真是感慨万千。我一直相信孩子是上天派来成就父母的。没有他,就没有这18年的酸甜苦辣。没有他,人生就少了许多悲喜交加。

一路走来,是孩子以一颗天真善良的心和纯净的智慧之光引领着我,让我穿过孤独和贫瘠的昨日来到丰盛的今天,成为一个内心笃定踏实的女人。而他的父亲,也因为他,变得更加勇敢、坚定和慈爱。

是的,因为孩子,我们一直在进步、在成长,让生命不断开出爱和智慧的花朵。而现在,我所拥有的这丰盈美好的内心,之于他,也是一份珍贵的礼物。他促成了我生命的圆满,也享受着这份圆满带给他的回馈。

在他的成长过程中，我们彼此都是付出者，也都是收获者。在获知他存在的那一刻，我就开始收获爱和喜悦。一路上，我不断地采撷美好的时光，将他们珍藏在心中。而孩子收获的是心的陪伴和独自启航的勇气和能力。这期间贯穿始终，连接我和他的，是满满的爱。

在这18年里，青春期的确是最让人心焦的。它就像一道避不过去的坎儿，无论之前准备得多充分，无论有多少理论和方法，也敌不过生命蓬勃生长的力量，青春的激情和张力还是在有些时候让我无所适从。然而，当一切走过，我最终发现，那些喜忧参半、从容与焦虑并存的日子依然不过是我自己的成长。

现在，每每看到年轻的父母抱着小娃娃时那写满幸福的脸，我内心就有一个声音在说：珍惜啊，这样的时光转瞬即逝呢。可不是吗，我觉得自己一直一直都很珍惜，以为这样日子可以走得慢一些，孩子能够长得慢一点。可是发现，那些光阴倏忽而逝，一个生命的成长是那样按捺不住地急切。

那么，就勇敢地去飞吧！天空是你的，大地是你的，阳光和星空也都是你的。生命的精彩刚刚拉开序幕，无限的可能正向你招手。

而我呢？

有好几次，儿子问我："妈妈，你老了以后会是怎样的呢？"

我总是笑着说："反正我肯定不会是一个巴巴地守候在家等着你来看我的苦情老太婆。"

他追问:"那你会怎样?"

我说:"我会跟你爸爸到处去玩,去学习,去做我们想做的事情。然后,你若要回家,得提前通知我们。不过你放心,你需要的时候,我会出现。"

"啊,这样我就放心了。"

"是啊,我们以后还要像现在这样聊天的不是吗,我可不想让你每次回家都是听我来来回回说一些车轱辘话。"

我们俩相视而笑。

是的,就是这样的。年轻人已经准备展翅高飞,而我也准备重新启航了。